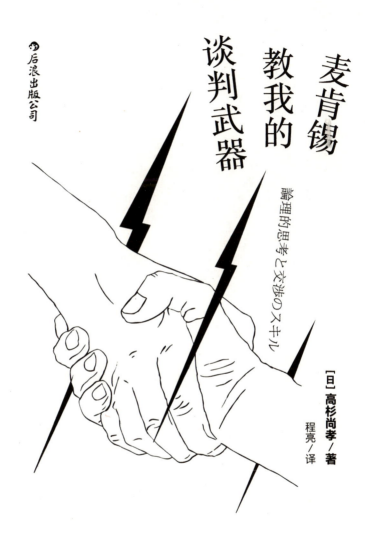

麦肯锡
教我的
谈判武器

論理的思考と交渉のスキル

后浪出版公司

［日］高杉尚孝／著

程亮／译

中原出版传媒集团
中原传媒股份公司

大象出版社
· 郑州 ·

前　言

近年来，逻辑思维逐渐成为商务人士关注的一大技巧。事实上，高杉事务所曾为多家企业提供多种研修服务，其中有关逻辑思维力强化的研修委托呈现激增态势。

这说明，社会已经广泛认识到，逻辑思维是商务人士的重要能力，是所有业务的基础。

而且长期以来，一说到逻辑思维力，人们往往会产生"全凭感觉""天生如此""因人而异"等印象，并没有将其视为可以通过训练和研修而掌握的对象。但如今，"逻辑思维有其基础理论，只要加以学习，即使仍然存在个体差距，也能让所有人相应地提高自身的逻辑思维力"的认识正在逐渐普及。

就我个人的经历来说，在麦肯锡那样的战略性咨询公司里，逻辑思维力可以说是业务的根基所在。还有投资银行业务——尤其是我从事过的企业收购战略和财务体制改善战略的拟定——对基于讲道理的"基本逻辑"同样有着很高的要求。此外，无论是石油公司生产计划的拟定，还是危机管理公关战略的拟定，都要求具备坚实的逻辑思维力。就连我眼下正在从事的研究工作，除要有热情之外，基于讲道理的说明也是最有说服力的。

而且，业务本身自不待言，对"在异文化环境中开展工作"来说，基于逻辑思维的清晰明确的交流能力也是必不可少的。

在独立创业以前，我在外资企业度过了二十年的职业生涯，而且长期居于海外。就我个人的体验而言，逻辑思维和交流能力确实是商务人士不可或缺的。

逻辑思维为何如此重要？一般来讲，原因在于经营环境正逐渐发生巨大变化。盲目地食古不化、照搬旧例，成功率只会一再地降低。

经营环境越来越明显地要求，所有工作人员至少能在自己的专业领域内有逻辑地归纳事物，并且在界定问题的基础上提出解决方案。此外还要求工作人员向客户或在公司内部分享这一结果，由此创造价值。补充说明一句，这也相当于原来的知识管理。

例如，许多优秀企业为了培养下一代管理层人才，正在尝试集中研修。一般的模式是在研修后期设定公司课题，要求学员做出分析，并以演示的形式向高层管理者——社长（总经理）——提供建议。既然演示的对象是如此重量级的人物，所有学员自然都会付出相当多的劳力。然而遗憾的是，许多人并不具备逻辑思维和清晰表达的技巧，更没有商务演示的可视化交流能力，结果费尽心力做出的分析和建议不能顺利传达给社长，白白浪费了工作人员和社长的宝贵时间。

事实上，曾有一家知名企业就陷于这样的窘况，于是委托我提供研修服务，以改善员工的逻辑思维表达力和演示技巧。结果，研修结束后，学员们的演示品质普遍有了质的飞跃，社长的评价和学员的满意度也都很高。甚至我还听说，演示中的某些建议被切实地反映到了实际经营当中。

不过，锻炼逻辑思维技巧本身并不能创造多大价值，关键是要把逻辑思维技巧当作达成目的的手段，加以灵活运用。

当下出现了一种风潮，就是"不论张三李四，都要具备逻辑思维和批判性思维的能力"。当然，若能以此为目标努力学习，自然再好不过，但只靠空泛的了解——例如"我理解金字塔结构①了""我知道什么是MECE②了""我理解框架结构了"——并不能切实地提高工作质量。这种脱离实践的、纸上谈兵的"关键词症候群"——"逻辑思维"也包括在内——十分常见，要想避免陷入其中，最好的办法就是将其作为手段，加以实际应用。

---

① 金字塔结构与下文的MECE均为麦肯锡的分析方法。核心的"主信息"拆解为若干或数条"关键信息"，"关键信息"又拆解为若干或数条"子信息"，这样便形成了金字塔结构。——编者
② Mutually Exclusive Collectively Exhaustive 的缩写，读作me-see，意指不重叠，不遗漏。——编者

本书是以谈判为主题的指南书。谈判也跟逻辑思维一样，是达成目的的手段。因此，谈判的最终目标必须由包括谈判代表在内的当事人自己决定。除此之外，也可以把谈判视为逻辑思维的重要应用。

毋庸置疑，提高谈判技巧本身也很重要，这不限于商务领域，在政治、外交、日常生活等场合莫不如此。

一般认为，日本人不擅长谈判。或许是因为日本人重视以和为贵，容易让步，于是普遍将谈判视为利己手段，避之唯恐不及。

但从更严谨的角度来说，日本人之所以讨厌谈判，应该是空谈和平的结果，而这种空谈是深深扎根于视平等为理所当然的豁达心态之上的。可在其他许多国家，谈判却被视为保障平等的主要手段。

不管喜不喜欢，全球化风潮正在日本国内迅速蔓延。我们应该改变观念，要把谈判视为确保平等的正当手段，而不是只为自己捞油水的卑劣行径。

本书不仅把谈判当作逻辑思维的实际应用，更进而视之为"通过解决双方问题来提高彼此满意度的交流过程"。只要抱着这样的观念，就能积极地面对谈判。

本书架构

首先，第1章把谈判定位为交流的一种形态，并从这一观点出发，将谈判与其他交流形态——具体来说就是辩论和演示——作了比较。

第2章以"谈判=逻辑思维的实际应用"为前提，对逻辑思维本身作了阐述。许多以逻辑思维为主题的书籍都很晦涩艰深，而我尽量采用浅显易懂的语言风格。

第3章介绍了清晰表达的技巧。对于逻辑思维、谈判乃至所有的交流方式而言，清晰表达都十分重要。如果自己擅长逻辑思维，却始终不能把结论顺畅地传达给别人，就无法发挥逻辑思维的价值。谈判也是一样。清晰表达是如此不可或缺，但已出版的关于逻辑思维的参考书籍虽有很多，其中具体讲到清晰表达方法的书却寥寥无几。

第4章深入挖掘了包括BATNA（最佳替代方案）在内的谈判力的源泉。

第5章以阐述谈判对手心理状态的形式，介绍了发掘对方关注点的技巧。

第6章也提到了谈判中心理层面的分析。市面上有大量关于谈判技巧的指南书，但提到心理层面——尤其是谈判代表保持平常心的具体技巧——的书籍，则少之又少。

第7章以文摘的形式总结了"无德谈判战术"及应对方法。有关这方面的详细说明，请参照拙著《实践与谈判理论》（NHK①出版）。

第8章介绍了目标设定的基本思路及合理的让步方式。

第9章归纳了谈判必备的问答技巧。

最后的第10章介绍了谈判的后勤工作，总结了堪称谈判基石的协议条款、团队编制、谈判地点选定等相关内容。

衷心希望本书能同时作为逻辑思维技巧和谈判技巧的参考书籍，为诸位读者提供些许帮助。

① 日本放送协会，世界知名电视台。——编者

目　录

第10章 通过后勤拉开差距 183

什么是谈判

1.1 谈判与交流的关系

从广义上说，谈判是交流的一种形态。交流就是指"信息发送方使接收方接受己方所期待行为的过程"，一般也可以说成是"发送方使接收方理解己方所发信息并采取某种行为的过程"。也就是说，所有交流的最终目的，都是让对方采取己方所期待的行为。

具体步骤是，发送方把信息通过媒介（渠道）发给接收方，接收方基于收到的信息采取某种行为。

而且，接收方的行为会被反馈给发送方。从这个意义上，可以把交流视为双向的过程。

1.2 企业活动也是一种交流

不妨以"营业"这一颇具代表性的企业活动为例。首先，信息的发送方——即营业员——要把"本公司的产品或服务的优越性"这一信息传递给接收方——即终端消费者、用户、中间商代理店等等。

传递的手法有很多，比如营业员的店内演示、通过电话的口头说明、通过文件的书面说明等。传送信息的渠道——即媒介——也多种多样，如展览目录、宣传手册、直投邮件、网络广告等。

接收方基于这些信息，可能会购买相应的产品或服务，也可能无动于衷。作为信息发送方的营业员，会在获知接收方的反应或行为之后，构思新的信息，重新发给接收方。

再以资金募集活动为例。该活动中的信息发送方通常是财务负责人，但由于很多企业最近也开设了专门负责投资者关系（IR）的部门，所以在确定发送方的时候，也可以把IR负责人考虑在内。

发送方要把本公司的财务优越性和战略独特性作为信息发给接收方——即融资者和投资者。当然，除了最终的资金提供者，证券分析师、评级机构的分析师等人也是重要的接收方。

交流渠道有损益表、贷借对照表、现金流量表、年度报告等。利用这些报表，就可以跟特定的银行或机构投资者进行面对面的分项说明，或者同少数证券分析师举办小型会议。

基于收到的各种信息，若是银行，就会确定授信合同；若是机构投资者，就会决定购买股份；若是评级机构的分析师，就会对公司债券的评级作出判断；若是证券公司的分析师，就会针对投资者提供购入或售出的建议。

由此可见，交流就是接收方理解发送方的信息并采取某种行为的过程。

1.3　谈判也是让对方接受己方所期待行为的手段

要想理解这一过程，关键在于交流的对象——即信息接收方——需要采取发送方所期待的行为。在前面的营业活动一例中，就是"购买本公司的产品或服务"；在资金募集活动一例中，就是投资者和融资者"提供资金"。

在此前提下考虑交流的过程，就能如前文所述，将其归纳为"信息发送方使接收方接受己方所期待行为的过程"。

当然，根据对方的情况，很多时候难以从一开始就期待对方采取具体的行动。比方说，某商家开发了一款全新的产品，消费者既没听过，也没用过。这样的新产品即使价格不高，商家也很难期待消费者会立刻购买。

在这种情况下，第一步要让消费者先了解新产品的用途或功效，使消费者确信"这款产品不错"，进而说服消费者采取

"购买新产品"这一商家所期待的行为。

再来看看谈判的过程。

假设你就降低房租一事，跟房东进行谈判，希望房租能降到你所期待的价格，比现在的房租还低。换个角度来说，也就是你期待房东采取"降低房租"这一行为。

再比如说，你想减少自己的加班时间，去找上司商量（这也属于谈判）。此时，你期待上司采取的行为就是"减少工作量"。

由此可见，谈判也可以解释成让对方采取己方所期待行为的手段。因此，可以把谈判定位为交流的一种代表形态。

1.4　双方满意是良性谈判的条件

我们已经知道，谈判也是一种交流。那么，什么样的谈判才是大家所期待的"良性谈判"呢？

就结论而言，良性谈判是指自己和对方都感到满意的谈判。

即使有人作出让步，只要双方都觉得满意，就是理想的谈判。也就是说，在对方的问题得以解决并得到好处的过程中，己方的问题也得以解决并得到了好处，这就可以称为良性谈判。看到这里，可能有人要大声斥责："这个世界弱肉强食，不是吃人就是被吃，岂能说得如此轻松！"然而，良性谈判并不只是单纯的理想主义观点，以长远的眼光来看，这可以说是谈判代表所能采取的唯一姿态。

不妨以卖方和买方的关系为例来说明。

假设卖方总是牺牲自己，一味满足买方的要求，就会长期陷于经营不善的困境，结果有可能破产。

反之，如果卖方总是让买方觉得自己在交易中受到了欺骗，买方就可能跟卖方一拍两散。卖方若是怀着"反正都是一锤子买卖的客户，不需要长远的眼光，就算对方每次都蒙受损失也没关系，只要自己有钱赚就行"的想法，恐怕就会恶名远播，以致客源断绝。

所以说，这绝非单纯的理想主义观点，即使从实用的角度来说，谈判也应该以提高双方满意度为目标。

某个地区的经济前景良好，许多发达国家纷纷向其投入巨资。但我从一位与该地区有过谈判的商人那里听到的，却是"这个国家在谈判中总想单方面获益，不想跟他们做生意了"的否定声音。当然，这其中或许存在无论如何也无法让步的争论点，但不管怎么说，一旦明显缺乏提高双方满意度的姿态，最坏的结果恐怕就是被贴上"敲人竹杠"的标签了。

所以说，在谈判中必须表现出心怀诚意的姿态。

1.5　把谈判视为一揽子交易

那么，能够提高双方满意度的秘诀究竟在哪里呢？关键就在于"不同的人有不同的诉求"这一点上。也就是说，无论个人还是组织，谈判双方的需求一般总是不同的。

若把谈判视为存在多个要素的一揽子交易，能够确保总体满意的要素组合就会变多，找到能够提高双方满意度的解决对策的可能性也就更大。

一般来说，谈判都是一揽子交易。例如，无论是机械使用的燃料，还是事务所使用的文具，谈判都会涉及商品本身的价格，配送的成本、频率、单位及支付条件等多个要素。

相反，如果目光短浅，只局限于单一焦点，总会分出赢家和输家，可是没人愿意当输家，双方的不同需求得不到满足，就很容易导致谈判这艘大船触礁搁浅。

由此可见，无论是从回避谈判的死锁①这一角度来说，还是从提高双方满意度的角度来说，都应该把谈判视为存在多个要素的一揽子交易。

1.6 欺骗对方的无德谈判战术

遗憾的是，总有人把谈判的本质理解为"如何欺骗对方，只确保自身利益"。这种想法完全是错误的。欺骗对方属于欺诈行为，而不是谈判。

但不可否认，在日本经济长期低迷的环境下，基于这种类似欺诈的谈判之上的无德生意变得越来越多。因此，在能够识破"无德谈判战术"的同时，我们还必须掌握足够的谈判技巧来保护自己。常见的无德谈判战术将在第 7 章作出总结，请参考。

当然，本书并不是建议诸位读者使用这些无德谈判战术，而是希望大家能够认清其中的机关所在，只有这样才能保护自己。

---

① Deadlock，"僵局"之意。——译者

1.7　完全不尊重对方利益的谈判是恶性谈判

话说回来，衡量双方满意度的标准应该如何确定呢？

为了使良性谈判的轮廓更加鲜明，我们不妨以与之相反的恶性谈判为例。

很多时候，即使谈判最终成功，也会给对方留下不好的印象，为日后埋下隐患。造成这一后果的一个原因就是，谈判代表始终顽固地坚持己方的主张，一味确保己方的利益，完全不尊重对方的利益。这大概就是"优秀的谈判代表就要顽固"这一误解的外在表现吧。

很多人可能都有过这样的经历——为应急不得不在某家店里购买商品，然后便再也不想光顾那家店了。

即使谈判成功，一味强调己方利益的姿态也会让对方心生芥蒂。只要一有机会，对方很可能会以某种形式进行报复。

很多人在一家店里吃过亏，就会借机跟别人说这家店的坏话。况且如今是互联网时代，报复的影响力也变得更加巨大。事实上，网络上有很多人纷纷披露自己在某些店里的不快经历。

一旦双方在日后的谈判中调换立场，这些吃过亏的人更可能采取强硬姿态，决不松口。

此外，以欺骗对方为目的而采取卑劣的无德谈判战术，也是引发不满的一大原因。

如果一味地蛮不讲理，令对方的谈判代表觉得自己是被迫作出让步的，就称不上是良性谈判。对方的谈判代表一旦产生这样的想法，就有可能拒绝以后的谈判。如果是生意上的谈判，那就意味着买卖告吹了。而且如前文所述，感到受骗的谈判代表很可能会以某种形式进行报复。

协议条款绝不容随意践踏

此外，事后轻易违背甚至破坏协议条款，也会让对方心生芥蒂。既然是双方同意的协议，就应该具备足够的分量，岂容随意践踏？

即便协议中附有独立条款①，在履行协议条款的时候，若对方以情况变化为由，随意反复进行新的谈判，就可以认为他们今后并没有继续配合的意向。

1977年发生的"日澳砂糖纷争"就属于这方面的著名案例。当时，约有三十家日本砂糖生产商与澳大利亚政府签订了长期收购砂糖的合同，却不料砂糖行情暴跌，日

---

① 在合同中独立存在的条款，其效力不受合同的无效、终止等的影响。——编者

方遂以协议中的独立条款为掩护，主张降低原合同中规定的价格，结果双方未能重新达成一致，于是日方拒绝接手砂糖，导致大量满载砂糖的货船滞停在东京湾，事态陷入僵局。

其实，协议中的独立条款本来就不是针对价格的，而是对于合同履行及后续事项的重新评估。日方不能愿赌服输，给全世界留下了倒打一耙的坏印象。

1.8　良性谈判的三个条件

有着上述特征的谈判，即使最终并未决裂，从结果上来说也不是良性谈判。由此出发，可以将良性谈判的条件归纳为如下三条：

① 双方都能感受到，对方尊重己方各方面的利益
② 双方都能感受到，对方的做法很公平
③ 双方都能确信，对方会遵守协议条款

只要满足这三个条件，双方的谈判代表都会觉得自己是谈

判的赢家，自然乐意继续合作。

从这个角度来说，只要满足这三个条件，即使谈判暂时决裂，也不能轻易断言其失败，因为今后完全有可能促成新的谈判或交易。

事实上，在高杉事务所与客户企业的谈判中，就存在这样的先例——对方预算不足，暂时未能达成协议，但在后来重新谈判时，对方就增加了预算。

请千万重视这三个条件，不要只关注谈判的一时胜负。即使最初的谈判决裂，只要满足这三个条件，以后就有可能收获巨大的利益。

为了加深对谈判的理解，下面再来看两个跟谈判类似的概念——辩论和演示。我将明确揭示这两个概念与谈判的相似点和不同点，以使谈判的形象更加鲜明。

1.9　似是而非的辩论与谈判

说起历史上的著名辩论，有约翰·F. 肯尼迪议员和理查德·尼克松副总统在美国总统竞选中的电视辩论[①]。此外，检方

---

① 1960年的美国总统大选中，两位候选人肯尼迪与尼克松原本势均力敌。肯尼迪最终赢得大选的原因，被较多地认为是其在电视辩论环节远胜过尼克松。——编者

和辩方在法庭上的答辩也可以称为辩论。

这种在现实社会中进行的辩论称为实质型辩论（substantive debate）。"substantive"一词的含义就是"实质"。

辩论是用来深刻挖掘论点的手法，在欧美历来都得到广泛应用，尤其是在美国这一多民族国家，辩论技巧深受重视。事实上，不少高中和大学都引入辩论作为正规教学科目，即使不然，也会积极地将其当作课外活动。

这种作为学校教育的一环而进行的辩论，称为学术型辩论（academic debate）。与现实社会中进行的实质型辩论相比，学术型辩论的重心主要在于提高辩论技巧。在日本——主要是大学——辩论已经作为英语交流会活动中的一个环节，以学生主导的形式普及开来，而且日语辩论活动最近也越来越多。

辩论的种类暂且搁在一边，要知道，谈判和辩论并不是一回事。辩论这种手法，本来就是使两种对立论调正面交锋，最终决定选择其中一方的主张。

其要点在于，不仅要指出对方主张和论据的错误，同时还要强调己方主张的正当性。直白地说，摧毁对方的论调是在辩论中获胜的关键。

当然，辩论和谈判所要求的许多胜任素质是相同的。首先，辩论和谈判都要求一种重要的能力：准确且清晰地传达自己的主张，有逻辑地组织并完成自己的意见。

而且还要用心聆听对方的发言，也就是要有积极倾听的意识，这也是两者的相同之处。无论辩论还是谈判，要想准确理解对方的发言内容、发言背景乃至隐藏在语言背后的意图或前提等等，就必须做到积极倾听。

此外，表达技巧——即演示能力——也是两者都要求具备的重要能力。无论论调多么精彩，最终传达它们的都是活生生的人。可以说，如何把自己想说的话传达给听者，很大程度上取决于表达者的表达能力。

还有，这些胜任素质的基础都可以说是逻辑思维力。因此，刨根问底的批判性思维也是两者都要求具备的能力。

最后，若要再举出一个重要能力，那就是要保持平常心，即善于控制情绪。无论谈判还是辩论，一旦谈判者陷入愤怒、沮丧、畏惧等情绪，都将难以为继。

辩论与谈判的裁决者不同

想必有人会说："既然辩论和谈判要求具备这么多相同的胜任素质，难道还不能说两者基本上是一样的吗？"表面如此，其实两者有着本质区别，那就是最终的裁决者不同。

无论是现实社会中进行的实质型辩论，还是教育领域进行的学术型辩论，最终胜负都是由独立的第三方决定的。

　　前文提到的肯尼迪和尼克松在美国总统竞选中的电视辩论，其胜负结果就是由拥有投票权的美国国民决定的。还有检方与辩方的辩论，在美国是由中立的市民组成的陪审团最终判决有罪或无罪，在日本是由法官作出判决。

　　至于学术型辩论，同样是由中立的裁判决定最终的胜者。

　　那么，谈判的裁决者又是谁呢？是由拥有很大权力的中立的第三方来作最终决定吗？不是的，谈判中并不存在这样的角色。

　　谈判双方最终是否达成一致，是由包括谈判代表在内的当事人作出判断的，因此双方都有决定权。也就是说，对方也拥有决定胜负的权力。这是谈判与辩论的决定性差异。

　　辩论的最终胜负是由独立的第三方决定的，所以要想得到对自己有利的裁决，有效的做法是明确且强硬地指出对方主张的不完善或不正当之处，完全不需要顾忌是否会伤害对方的感情。总而言之，彻底击垮对方才是上策。

　　而谈判呢？我们不妨以有代表性的谈判——商务谈判——为例，就能清楚地发现其中的区别。面对要求降价的买方，卖方是否会采用辩论模式，一味地指出买方的降价要求有多么不合理，同时主张现行价格的正当性呢？这样一来，买方是否就会表示"哈哈，你说的没错"，从而撤销要求呢？恐怕恰恰相反，买方的降价要求会变得更加强硬，结果就是卖方很可能丢掉这笔生意。

推销经营战略咨询服务的咨询顾问，是否会一味地指出目标企业在战略上的不完善呢？显而易见，这样做即便能赢得辩论，也会失去客户。

一旦忽视对方也拥有决定权这一事实，谈判几乎都会搁浅，这一点不仅限于商务谈判。要知道，谈判并不是辩论。

那么，作为社会人，学习辩论技巧，作为企业，培养辩论能力，是否毫无意义呢？我认为当然不是。

我从学生时代起，在参与辩论相关活动的过程中，就学到了很多东西。因此，从锻炼分析力和表达力的角度来说，我会给予辩论很高的评价，但辩论与谈判毕竟存在本质的区别，这一点无论如何都不应忘记。

1.10　演示与谈判

和谈判一样，演示作为交流的一种形态，其重要性近年来愈加明显。在面对客户时，以及在组织内部，演示的机会都在迅速增多。演示与谈判一样，都反映了经营环境的变化。

在社会的各个角落，人们都在重新审视既有的做法和关系。例如，一直从事垄断交易的客户会突然表示，"以后要在多家企业间推行竞标，所以请提供新的企划演示"。此外，在与外商合资的日系企业里，随着年薪制的引入，员工会与公司展开谈判，从而决定自己的工资。还有，当身为股东的机构投资者要求了解公司业绩和未来战略时，上市公司的管理层也会亲自出面进行说明。

演示是一种能够准确且有说服力地传达己方意见，促使对方采取行动的技巧，因而受到重视也就不足为奇了。在很多场合，谈判都伴随着演示，所以我们应该了解什么是演示，并思考如何才能做好演示。在此基础上，还要明确演示与谈判的相似点和不同点。

1.11　成功演示的条件

演示的最终目的，是"让对方采取己方所期待的行为"。当然，有的演示是为了使对方理解某个事项，从而实现具体行动之前的阶段性目标；有的演示则是为了了解对方针对某个主题的意见。

然而无论什么样的演示，其最终目标都是"让对方采取己方所期待的行为"。可以说，这与谈判的目标是一致的。

随着演示机会的迅速增多，演示专用的软件和投影仪的销量也大幅增加。"一旦拥有，必将成功"是这些器材千篇一律的宣传口号。

然而事实绝非如此。的确，灵活利用好的软件和器材，演示会更易成功，但并不必然成功。这是因为，成功的演示需要具备以下四个要素：

① 逻辑思维和清晰表达
② 有说服力的情节
③ 吸引人的可视化效果
④ 媲美优秀演员的演示者

①逻辑思维和清晰表达

逻辑思维不仅是有效谈判的重要因素，而且也是有效演示的重要因素。

"陈述结论，然后陈述论据。"

看起来很简单，却是做到符合逻辑的基础。详见第2章。

而且，清晰表达是符合逻辑的大前提。如果信息暧昧不明，听者不知道演示者究竟想说什么，也就根本谈不上逻辑性了。

信息之所以暧昧不明，语句中缺少主语往往是首要原因。

此外，暧昧连接词的大量使用也是一大原因。

首先应该尽量写明主语，并把暧昧连接词换成逻辑连接词。例如"因为……""尽管……""自……以来""而且……"等，都属于逻辑连接词。

此外，应该尽量避免使用存在歧义的高度抽象的表达方式，例如"重新审视""重新建构""激活""多样化"等。还应该尽量使用更具体的动词和名词。关于清晰表达，详见第3章。

②有说服力的情节

除做到每项分析都符合逻辑且清晰表达之外，好的演示还应该具备情节（故事），便于听者理解。

这就要有开头，有内容，有结尾，还要有由清晰且恰当的连接词构成的"流程"。脉络模糊的演示最容易失败。

③吸引人的可视化效果

情节还须简洁扼要，并采用信息明确的可视化形式（图、表或注释）。无论情节如何精彩，如果不能以可视的形式表现出来，演示效果就会大打折扣。

下面以两个图表为例解释图表制作的优劣（参照下图）。

平庸的例子：

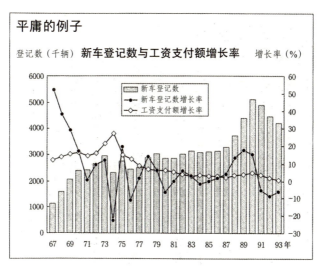

平庸的例子

登记数（千辆）　**新车登记数与工资支付额增长率**　增长率（%）

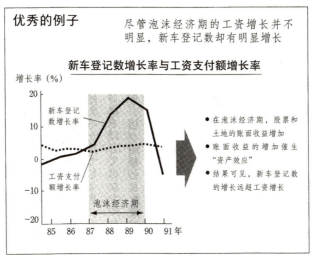

优秀的例子　　尽管泡沫经济期的工资增长并不明显，新车登记数却有明显增长

新车登记数增长率与工资支付额增长率

增长率（%）

新车登记数增长率

工资支付额增长率

泡沫经济期

● 在泡沫经济期，股票和土地的账面收益增加
● 账面收益的增加催生"资产效应"
● 结果可见，新车登记数的增长远超工资增长

有两个纵轴，横轴的年份跨越了四分之一个世纪，难免给人以信息过多的感觉。

而且关键词距离图表太远，读者的视线不得不在关键词和图表之间来回移动，这会造成很大的负担。

最大的问题在于——该图表缺乏对重要信息的有效说明。乍一看会令读者感到困惑，只能自己胡乱解释。

相反，优秀的例子：

清楚地写明了相关信息——"尽管泡沫经济期的工资增长并不明显，新车登记数却有明显增长"。

而且，优秀的图表本身也很简洁，便于读取信息。此外，该图表还写出了支持图表信息的论据。

哪个图表的说明更方便读者理解，可谓一目了然。

④媲美优秀演员的演示者

有了明确的信息和逻辑性、简洁的情节和可视化效果，接下来就要靠演示者自身的实力了。

坦然的态度、洪亮的声音、坚定的目光（正视听众的眼睛）以及热情和诚实，这些要素将左右演示的最终成败。

坦然的态度可以通过挺直的腰背表现出来。日本人来到人前，总会下意识地向前哈腰，所以要记得挺起胸膛，但注意不要探头缩肩，否则会使后脖领子敞开，成了滑稽可笑的造型。

此外，坦然的态度还可以体现在不必要的动作上。不必要的动作有很多，例如上半身的转动，身体的横向摆动，不必要的侧向踏步和前后踏步，偶尔像摇呼啦圈一样的扭腰，等等。一般来说，这些都是无意识的动作，并非演示者出于意愿所为。

身体的动作自不用说，还必须注意手的摆放位置，否则一不留神就容易做出频繁用手摸脑袋、拼命向上提裤子（裤子明明没有下坠）等动作。因此，最好事先决定手的基本摆放位置，但注意不要插在裤兜里，因为这样做容易驼背，会给人留下不好的印象。

此外，在演示者需要具备的各种能力当中，想说"这一点无论如何都要告诉你们"的热情尤为关键。想要告诉给别人的欲望会关系到演示者的顽强程度，这对谈判而言也是很重要的。

说起著名的演示者，仍然不得不提美国前总统约翰·F.肯尼迪。在前文作为著名辩论案例提到的约翰·F.肯尼迪议员与理查德·尼克松副总统在美国总统竞选时的电视辩论中，正是演示能力的差距极大地左右了胜负。

如果还要从美国历任总统里举出一位著名的演示者，

就非罗纳德·里根莫属了。他凭借作为好莱坞演员而培养出的演示技巧，吸引了全美国的民众。为此，人们给里根总统起了一个亲切的昵称——"伟大的沟通者"。

演示者要像优秀演员一样，拥有深厚的表演功力。这一点说起来简单，实际做起来却很难。

我本人每年都要进行无数次演示，还会负责演示的指导工作。可是即便如此，对我而言，成为"媲美优秀演员的演示者"也堪称永恒的课题。

演示与谈判的区别

演示和谈判有很多共同点。首先如前文所述，演示和谈判的最终目的都是"让对方采取己方所期待的行为"。

而且，演示成功四要素中的"逻辑思维和清晰表达""有说服力的情节""媲美优秀演员的演示者"，也是谈判的重要因素。顺带一提，这些同样也是辩论的要素。

唯一可称为演示特有要素的，就是"吸引人的可视化效果"。当然，谈判有时也会使用可视化的图表，但那种可视化只是附属品而已，演示中的可视化则是更核心的因素。

尽管存在上述共同点，演示与谈判仍然有显著区别。最大的区别在于跟对方的互动方式，也就是周旋方式的不同。

首先，演示中的信息主要是由演示者发送给听众的。从这个意义上可以说，信息的方向性相对明确，导致演示者与听众的互动较少。

换个角度来说，演示时如果不加留意，信息传送就容易变成"单行道"，这就要求演示者灵活利用问答环节，有意识地激活跟听众的互动。

再说谈判，双方的互动程度会大幅增加。谈判是通过互相交换信息而得以进行的。也就是说，可以把演示中简短的问答环节视为谈判。再换个角度也可以说，谈判就是通过问答进行的交换。当然，问答既有己方向对方提问，也有对方向己方提问。关于问答的详细情况，将在第9章作出说明。

总　结

谈判是一种交流

· 交流＝"让信息接收方采取发送方所期待行为的过程"

· 谈判＝"让谈判对手采取己方所期待行为的过程"

良性谈判是指"双方满意的谈判"

因此，可以把谈判视为存在多个要素的"一揽子交易"

良性谈判的三个条件

① 双方都能感受到，对方尊重己方各方面的利益

② 双方都能感受到，对方的做法很公平

③ 双方都能确信，对方会遵守协议条款

辩论与谈判的相似点和不同点

【相似点】准确且清晰地传达主张的能力／积极倾听／演示
能力／批判性思维／保持平常心的能力

【不同点】辩论：有裁决者——中立的第三方
谈判：无裁决者——仅谈判双方互相认可

演示与谈判的相似点和不同点

【相似点】最终目的都是"让对方采取己方所期待的行为"

【不同点】演示：与对方的互动少、单向

　　　　　谈判：与对方的互动多、双向

成功演示的四要素

① 逻辑思维和清晰表达

② 有说服力的情节

③ 吸引人的可视化效果

④ 媲美优秀演员的演示者

①②④也是谈判和辩论的重要因素。

第 2 章

掌握逻辑思维力

2.1 什么是"符合逻辑"

要想实现良性谈判，在探寻对方真实心理的同时，还必须让对方理解己方的主张，所以说话和行文都要"符合逻辑"。

做到符合逻辑——也就是有逻辑性——就能增强说服力，从而让对方采取己方所期待的行为。

不过，想必大家正在为"究竟怎样做才能更符合逻辑"而苦恼吧？空泛地说"行文要更有逻辑性""说话要更符合逻辑"，是不会令人产生具体印象的。

针对"怎样才能做到有逻辑性"这个问题，许多人的回答是：

· 分条写出，明确论点

· 活用数字，避免误解

· 明确 5W1H[①]

---

① 即什么（What）、何处（Where）、何时（When）、何人（Who）、为什么（Why）、怎样（How）。——编者

·使起承转结清晰明白，博取读者的关注

的确，这些都是更准确地传达信息的技巧，但并不一定能够确保有逻辑性。

那么，具体怎样才能做到有逻辑性呢？本章将作详细分析，看看如何才能做到有逻辑地思考，把自己的想法顺利传达给别人。

2.2　根本在于"明确的主张"和"论据"

从结论来说，要想做到有逻辑性，首先要有"明确的主张"。清晰明白的"结论"、简洁易懂的"主张"，是有逻辑性的大前提。

如果自己都模棱两可，就根本谈不上有逻辑性。连想说什么都不明确，又哪有资格站在有逻辑性的起跑线上呢？一旦对方问出"你到底想说什么"，那你就铁定出局了。

但要注意，很多人容易产生这样的误解——有"明确的主张"就是"有逻辑性"。事实上，"明确的主张"只是要素之一，有再多"明确的主张"，也不过是论点的简单罗列罢了。要想做到有逻辑性，还必须具备第二个具体要素——能够恰当地陈述支持主张的"论据"。

　　具体的论据有很多种。如果主张是既成的结果，论据可能就是造成该结果的原因；如果主张是理想等未实现的目标，论据或许就是达成该目标的手段。此外，论据的实质内容也有很多种，如"事例""数据""名人意见"等。总而言之，要想做到有逻辑性，不光要提出主张，还要陈述论据。

　　比方说，在关于降低房租的谈判中，租客就可以举出如下论据：

· 经济呈现通货紧缩①的趋向，所以目前的房租行情正在逐渐走低
· 附近的房租都降价了
· 自己的房租此前就偏贵
· 随着加班的减少，房租的负担变大了

　　当然，可能的论据还有很多，并不仅限于这几条。

　　关键在于，要想做到有逻辑性，除了提出"降低房租"的主张，还必须陈述支持主张的论据，二者缺一不可。

---

① 指市场流通所需的货币量大于货币的发行量。物价将相应下跌。——编者

2.3 "有逻辑性"的反面

另外，还可以从"'有逻辑性'的反面"这一角度来分析相关的要素。

各位读者，你们会怎样形容"'有逻辑性'的反面"？打个比方，假设你有两个朋友A和B，A很有逻辑性，B则完全相反。那么，你会怎样形容B呢？

既然形容的是有逻辑性的反面，首先就该刨除"无逻辑性"这种形容了，因为这只是简单的否定，而不是反面。

大家可能会用"乱七八糟的人""抽象的人"等各种词来形容，较多的还有"感情用事的人"等。可是这样形容一个人，总好像作出了某种价值判断。如果不作价值判断，使用中性的语言形容呢？

想必很多人会用"依靠直觉的人"来形容。我也觉得这样形容恰到好处。那么，我们姑且假定"有逻辑性"的反面是"依靠直觉"。

有逻辑性和依靠直觉，二者在结构上究竟有何不同？当然，二者都是有结论的，但有一样要素是"有逻辑性"具备而"依靠直觉"不具备的。没错，正是论据。

大家想必从来不会向依靠直觉的人询问理由，因为这样的人思考全凭直觉，根本没有明确的论据。即使问了，也只会得到"靠的是直觉"的回答。

如上所述，通过从"'有逻辑性'的反面"，即依靠直觉的角度来考虑，想必大家已经明白，符合逻辑的根本，就是在提出主张的基础上陈述论据。

2.4　论据能否正确支持主张

那么，只要提出明确的主张并且陈述论据，就一定能做到有逻辑性吗？

很遗憾，答案仍然是"No"。打个比方，"D 公司的业绩正在逐渐恢复，因为营业额仍呈减少趋势，而且经费呈增加趋势"，这样的说法怎么样？

这句话尽管提出了"明确的主张"和"论据"，却令人啼笑皆非，因为其主张和论据在方向上是互相矛盾的。也就是说，尽管在结构上的确有主张和论据，但二者的关系并不正确。

"营业额仍呈减少趋势，而且经费呈增加趋势"——这样的论据无论如何都不能正确支持"D 公司的业绩正在逐渐恢复"这一主张。从主张的角度也可以说，"从这些论据中并不能正确得出这样的主张"。

像这样的主张和论据无论有多少，都不是有逻辑性的。由此可见，"有逻辑性"的第三个具体要素，就是"论据能够正确支持主张"。

首先不用说，自己得相信主张和论据之间有着正确的关系，更重要的是，最终要让对方也相信。

整理一下，"有逻辑性"需要具备如下三个要素：

① 有明确的主张

② 主张有论据

③ 论据能够正确支持主张

后文会对第三个要素作进一步的分析。

2.5　站在对方的立场上确认逻辑性

不要忘记一个事实——最终判断"论据能否正确支持主张"的人是对方。作为谈判代表，要从对方的角度来检验主张和论据的关系。

各位读者可能会想，既然是由对方最终判断有无逻辑性，那么只要对方没有百分之百地理解，就很难判断为"有逻辑性"。

从数字的角度来考虑确实如此：不是百分之百，就相当于百分之零。可是，我们完全没必要采取这种非黑即白的角度，而应该从模拟化的角度去考虑，也就是尽可能地站在对方的立场上，尝试确认自己的主张和论据之间的关系是否恰当。而且，对方越认可，我们的说服力就越大。

不过，站在对方的立场上检验己方的逻辑性，绝不是要根据对方的情况改变自己的主张，而只是在不改变原方向的前提下，尽量对轨道加以校正，使对方能够产生共鸣。下面看一个具体的例子。

看来今天要下雨（论据），请带上伞出门（主张）。

这句话中的主张和论据之间的关系很自然，一般情况下，这样说不会有错。

但请考虑一下，如果这样的主张和论据恰恰不适合用在对方身上呢？例如，对于"没有出门计划的人"来说，该主张和论据之间的关系恐怕就不是很合适了。因为没有出门的计划，根本不会出门。

对于"坐车的人、移动距离极短的人、通过地下通道就能走到目的地的人"来说也一样。因为没必要打伞，所以不想拿着伞走路。也就是说，对于那些即使下雨也不会被淋湿的人来说，这一主张和论据之间的关系并不恰当。

同样，对于"被淋湿也无所谓的人"来说，该主张和论据之间的关系也不恰当。那应该怎么说？是不是只要改变主张，说"不拿伞也没关系"就可以了呢？

可是这样说的话，就不是谈判了。所谓站在对方的立场上，并不是指根据对方的情况改变自己的主张，而是要让对方认同主张和论据之间的关系。

因此，在这种情况下不必改变主张，对于"被淋湿也无所谓的人"，应该说"被雨淋湿容易感冒""可能毁掉这身好看的衬衫"等，展示其他的论据，说明被雨淋湿的后果有多么糟糕。

追求所有人都认同的主张和论据之间的关系，是低效率的做法

有人说，"要想做到真正地有逻辑性，就必须追求普遍的、所有人都认同的主张和论据之间的关系"。我本人也认为，能做到这样是再好不过的。然而对于商务人士来说，经常要在有限的时间内得到结果，因此追求普遍的、所有人都认同的主张和论据之间的关系，并不是有效率的做法。

与其如此，不如设想一个特定的对象，把自己放在对方的

立场上思考，这样在时间上的效率更高。况且一般的谈判，确定对方的身份很容易。

即使像大众消费品的广告宣传活动那样，存在非特定的、身份难以确定的多个对象，仍然可以基于该群体的共同属性——例如"忙于家务和育儿的三十岁出头的主妇"，或"有时间和经济能力的高龄男性"等等——把对方进行特定形象的拟人化。

综上所述，为了确保"论据能够正确支持主张"，需要设想对方的身份，站在对方的立场上，在不改变原方向的前提下，尽量对轨道加以校正，使对方能够产生共鸣。

2.6　缺乏逻辑性的日本人

写到这里，我想谈一种文化现象。如果像前文所述，"在提出明确主张的基础上陈述论据，而且论据能够正确支持主张"是有逻辑性的条件，那么不得不说，日本人是很缺乏逻辑性的。

无论通过学校教育，还是企业研修，日本人都没有接受过明确提出自己意见的训练。即便发言，日本人也会故意把话说得模棱两可，任由对方自行理解。日本人普遍认为这样做是无可非议的。

即使偶尔提出明确的主张，通常也缺乏支持主张的论据，而且就算有论据，也往往缺乏普遍性，不能把主张顺利传达给对方。

当然，这种事是因人而异的。在欧美人的交流模式中，"提出明确主张，然后陈述论据"是不可动摇的原则，但日本人却不这样。

人们经常提到日本人与欧美人在交流能力上的差距，日本人的语言能力——以英语能力为代表——低下，往往被视为一大原因。然而，更本质的原因其实在于，日本人并没有"提出明确主张，然后陈述论据"的习惯。

不光是交流能力上与欧美人有差距，在当今时代，日本国内的各个领域都要求人们承担说明的责任（accountability）。可以说，在全球化日益普及的今天，熟练掌握有逻辑性的说话习惯，是日本人的国民性课题。

2.7　逻辑金字塔

"逻辑金字塔"是有助于进行逻辑思维流程的有效工具。以前在管理咨询公司麦肯锡任咨询顾问时，我所学习掌握的

"逻辑金字塔"，是一种简单且通用的思维框架，能将前文所说的"有逻辑性的基本要素"加以公式化。

"逻辑金字塔"既是一种思维框架，同时也是能用于谈判、报告书或演示的设计图。

下面说明"逻辑金字塔"的基本结构。

"逻辑金字塔"是帮助进行逻辑思维的"结论和论据的配置图"。首先，最想强调的结论（主张）位于金字塔的顶端，称为"主信息"。无论谈判、演示还是报告书，最想传达的核心信息就是"主信息"，首先要把它放在"逻辑金字塔"的顶端。

"主信息"下面是"关键信息"。所谓"关键信息"，是指

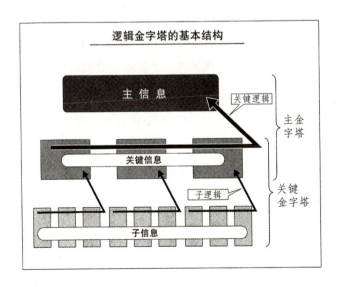

直接支持"主信息"的论据。

"关键信息"以3~5个为宜，2个以下太少，5个以上太多。当存在5个以上的"关键信息"时，就有后文会说的"分组提炼"的余地。

连接"主信息"与"关键信息"，及"关键信息"与"关键信息"的逻辑称为"关键逻辑"。由"主信息"和"关键信息"构成的金字塔称为"主金字塔"。

对于谈判而言，如何在设计主张的过程中构建洗练的"主金字塔"，将是成功的关键。

接下来，"关键信息"下面是"子信息"。"子信息"是支持"关键信息"的进一步论据。连接"关键信息"与"子信息"，及"子信息"与"子信息"的逻辑称为"子逻辑"。由"关键信息"和"子信息"构成的金字塔称为"关键金字塔"。

"逻辑金字塔"的底部以"子信息"结束。理论上讲，金字塔的底部可以无限扩展，但在现实中，最多在"子信息"下面还有一层"子子信息"，也就是大概只有三层。

说到这里，想必大家已经理解了"逻辑金字塔"的基本结构。

下面两节分别介绍构建"逻辑金字塔"时常用的两种技巧，即"自下而上法"和"自上而下法"。

2.8 自下而上法与按主题分组

顾名思义，"自下而上法"是从"逻辑金字塔"的底部向上逐层构建的手法。将多个具体的"子信息"分组，每组各自提炼成重要信息——即"关键信息"，最后在"关键信息"之上创建"主信息"。

在"自下而上法"中，要对下层信息多次询问"So what?"（"那又怎么样？"）从而明确上层信息。

"自下而上法"的关键，是通过"按主题分组"进行信息提炼。

要想做到有逻辑性，首先就要有明确的主张，也就是需要创建信息。

刚开始归纳事物时，总是各种想法错综交织，并没有形成统一的主张。在这种情况下，就要通过"按主题分组"进行信息提炼，以使自己的信息变得明确。

这一技巧是"自下而上法"的具体手法，即把信息从"子信息"提炼成"关键信息"，进而再到"主信息"。

所谓"按主题分组"，是指基于某个理由，将各种想法区分开来，而这个理由就称为"主题"。设立便于对方理解的"主题"，统括想法，就能方便获得理解，同时还能增强说服力。

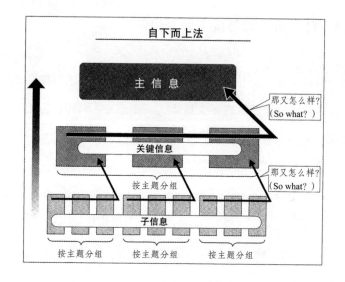

下面以"狮子、蝙蝠、蜥蜴、鸵鸟、飞蜥、海豚、海蛇、企鹅、雕"等动物为例,对"按主题分组"理论进行分析。

我们尝试把这些动物按若干主题分组。"主题"如果是"类"①,哺乳类就有狮子、蝙蝠、海豚;爬行类就有蜥蜴、飞蜥、海蛇;鸟类就有鸵鸟、企鹅、雕。

"主题"如果是"活动场所",陆地就有狮子、蜥蜴、鸵鸟;水里就有海豚、海蛇、企鹅;空中就有蝙蝠、飞蜥、雕。

此外还可以有体重、食物等各种"主题"。根据"主题"进行分类,信息的类别就会确定下来。反过来说,如果想传达

---

① "类"指生物学分类法,以界、门、纲、目、科、属、种对生物进行分类。下文的"哺乳类""爬行类""鸟类"分别对应"哺乳纲""爬行纲""鸟纲"。——编者

某个信息，就应该能够找到一个适合该信息的"主题"。

顾客的细分也属于按主题分组

"按主题分组"的思路很简单，但当它得到创造性地应用时，就能发挥出巨大的能量。例如，经营战略和市场战略中的"顾客的细分"，就是"按主题分组"这一思路的应用。

近年，社会环境变化很大，但许多行业仍按原有的细分方式区分顾客，这就导致顾客的形象变得模糊不清，结果企业开发不出有针对性的产品，无法制定有效的市场战略。因此，需要明确顾客的新属性和新需求，重新制定细分方法，也就是要进行新的"按主题分组"。

可以说，这一思路是发现问题、制定对策、最终决策等所有分析思考的根本。在不问领域的前提下，要想分析并理性地理解混沌的现实，首要关键就是把握整体结构。为此，需要把观察到的个别现象问题点——子信息——集中起来，然后根据某个共同项进行区分整理。这便是前文提到的"分组提炼"。

接下来就是提取每个共同项的详情（关键信息），进一步抽象化，直达问题的本质（主信息）。这便是通过基于分组的"自下而上法"构建逻辑金字塔的顺序。

2.9　自上而下法

　　所谓"自上而下法"，是指从顶端的"主信息"出发，向下发展出为"主信息"增强说服力所必需的"关键信息"，以及每个"关键信息"的"子信息"的手法。

　　在"自上而下法"中，要对上层信息多次询问"Why so？"（"为什么要这样做？"），从而明确下层信息。

　　"自上而下法"的关键词是"不重叠、不遗漏"。

　　通常使用的是一种具有分析性的、科学的手法，称为"假说思考"。假说思考首先提出作为假说的结论（即主信息），然后基于适当的类别（主题）进行实验或观察（关键信息），验

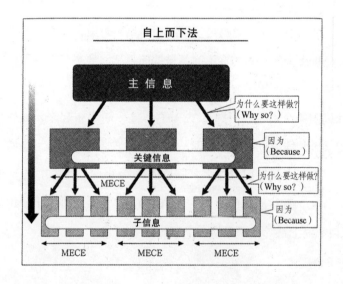

证该假说能否得到支持。此外，还需要为实验或观察收集并分析个别数据（子信息）。

这就是通过"自上而下法"构建逻辑金字塔的顺序。

由此可见，"自上而下法"就是从位于顶端的、作为假说的"主信息"出发，从上向下构建"逻辑金字塔"的手法。通过对上层信息多次询问"为什么要这样做？"，再得出"因为……"，从而明确下层信息。

"自上而下法"要向下发展出为"主信息"增强说服力所必需的"关键信息"，以及每个"关键信息"的"子信息"。因此，"自上而下法"的前提是已经存在"主信息"。

也就是说，"自上而下法"适用于主张已经明确、需要整理思路的场合。

因此，一般的顺序是先通过"自下而上法"提出假说性质的结论，然后再使用"自上而下法"，这样的顺序比较有效。

自上而下法的具体例子

在某食品公司销售企划部工作的 A，要针对最近开发的商品 X 的市场战略进行相关谈判。

基于以往的经验，A 已经有了作为假说的"主信息"，也就是"把 X 定位为优质品牌，把价格设定在高档区，放在著名的连锁专卖店里销售"。

A准备了三个支持"主信息"的"关键信息"。按照流程，A对"主信息"的三个要素多次询问了"Why so?"（"为什么要这样做？"）得出"Because"（"因为"），从而按主题明确了下层的"关键信息"。

- 关于产品本身

  为什么要"把X定位为优质品牌"？

  因为"优质类别目前处于真空状态，所以可以把X定位为唯一的优质品牌"。

- 关于产品价格

  为什么要"把X的价格设定在高档区"？

  因为"既然是优质品牌，即使把价格设定为旧商品的1.5倍，顾客也会购买"。

- 关于流通

  为什么要"把X放在著名的连锁专卖店里销售"？

  因为"限定只在著名的连锁专卖店里销售，有利于实现与优质品牌形象的整合"。

就这样，A通过——

- 优质类别目前处于真空状态，所以可以把X定位为唯一的优质品牌
- 既然是优质品牌，即使把价格设定为旧商品的1.5倍，顾客也会购买
- 限定只在著名的连锁专卖店里销售，有利于实现与优质品牌形象的整合

——这三个"关键信息"，支持了"把X定位为优质品牌，把价格设定在高档区，放在著名的连锁专卖店里销售"这一"主信息"，即是用"自上而下法"完成了逻辑金字塔的构建。

2.10 "不重叠、不遗漏"（＝MECE）

A觉得这三个"关键信息"不错，可是——

"这三个要素应该没有'重叠'……啊，有'遗漏'！忘了宣传！"

A突然发现，关于产品、价格、流通的信息没有重叠，但是遗漏了宣传这一重要的侧面因素。于是，A构建了"需要投

入能够体现高端形象的电视广告和高端杂志上的宣传广告"这一关键信息,弥补了遗漏。

实际上,A在这里的检查用到了"不重叠、不遗漏"的思路。所谓"不重叠、不遗漏",就是"没有重复、无一遗漏"(MECE：Mutually Exclusive, Collectively Exhaustive)的分析思路。

A通过追求MECE,发现遗漏了宣传这一重要主题,才能弥补思维中的盲点,最终通过逻辑金字塔的构建,具备了说服力。

如果A了解"市场营销的四个P"[①]这一MECE性质的框架,或许立刻就能发现遗漏了宣传。即使不了解,也可以对商品市场化的步骤加以想象,不懈地思考有无重叠和遗漏,从而找出自己思维中的盲点。

实际上,在构建逻辑金字塔时,往往同时使用自下而上法和自上而下法。我们要经常自问自答"有无重叠,有无遗漏",穿插使用自下而上法和自上而下法,从而构建洗练的逻辑金字塔。

2.11　基于逻辑思维的问题解决流程

对于混沌事物的整理,逻辑思维也很重要。"逻辑金字塔"

---

① 包括Product（产品）、Price（价格）、Place（渠道）、Promotion（宣传）。因其首字母均为P,故称4P营销理论。——编者

和"不重叠、不遗漏"等思维方式，都是有逻辑性地整理事物的有效手法。

然而，并不是说问题光靠逻辑思维就能自动解决。要想得到解决问题的具体对策，需要理解并运用以逻辑思维为前提的问题解决手法，最终找出正确的解决对策。

此外，正如前文所述，谈判是提高双方满意度的交流过程。换句话说，谈判是以同时解决双方问题为目标的交流过程。也可以说，本书所推崇的谈判，是以同时解决双方问题为目的，对基于逻辑思维的问题解决手法进行实践的过程。

下面介绍几种常用的问题解决手法。

首先要明确课题或问题

解决问题的出发点，是要先明确有待解决的课题或问题是什么。如果连自己面对什么问题都不明确，解决的方向就无法确定。而且如果问题的设定有误，即使找到解决对策也毫无价值，因为问题本身就是错误的，即使能够解决，也毫无意义。

如果把解决双方问题的过程视为谈判，问题的范围就不能只是自己的课题或问题，而是对方也同时需要面对的。关于如何发掘对方面对的课题，将在第5章深入探讨。

除了从一开始问题就很明确的情况，要想发现问题，切实的状况分析是不可或缺的，在此基础上才能迫近问题的本质。不妨以我们身边的事情为例。

六月的某个早晨，A要出门。打开电视，天气预报说下午有雨。A又望向窗外，发现西方的天空黑云密布，而且感觉空气的湿度也很高。通过这些现象，大家能得出什么结论？

通过对状况的分析，A得出了"今天可能会下雨"的结论。这个例子可能有些小题大做了，但要想发现问题，基于对现实状况认知的分析是必不可少的。

那么，A接下来应该给出答案的"问题"是什么呢？是处于"要出门的日子里可能下雨"这一状况中的"问题"。

常见的问题是①"我今天是否应该带上伞出门"，同时还可以设问②"我今天应该带什么雨具出门"。如果扩展开来，还可以设问③"我怎样做才能不被雨淋湿"。

一般来说，①就可以了。但从迫近问题本质的角度来说，③应该是最好的，因为③捕捉到了"直接出门会被雨淋湿"这一问题本质。当然，前提是"不想被雨淋湿"。

然后是摸索出多个替代方案

本质的问题明确以后，就该思考问题的解决对策了。此时的关键在于，不要过早决定唯一方案，而应尽量摸索出多个替代方案。

在上述例子中，本质的问题设定是③，所以替代方案有如下几种（因为 A 无论如何都得出门，所以"不出门"的方案就不用考虑了）：

· 拿伞出门

· 带上雨衣出门

· 等到真的开始下雨，再顺路去便利店买伞

· 路上避雨

· 坐出租车

· 自驾出行

最后根据适当的评价标准来选择最佳方案

想出所有的替代方案后，接下来就是根据多个评价标准来选择最佳方案。评价标准有防雨效果、经济性、即时有效性等等。从雨具的角度来说，有风格样式、便携性等等。从出租车

或私家车的角度来说，交通手段的可靠性也可以成为评价标准，因为存在交通堵塞的可能性。

就像这样，使用适当的评价标准，最终选择最佳方案。

以上是问题解决的普遍技巧。当然，在解决问题的整个过程中，逻辑思维都是必不可少的。

总　结

做到"有逻辑性"的三个要素

① 有明确的主张

② 主张有论据

③ 论据能够正确支持主张

怎样让论据正确支持主张

设想特定的对象，站在对方的立场上，在不改变原方向的前提下，尽量对轨道加以校正，使对方能够产生共鸣

"逻辑金字塔"

是逻辑思维的框架，是结论（主张）和论据的配置图

构建"逻辑金字塔"的两种手法

① 自下而上法

通过"按主题分组"，从下向上构建逻辑金字塔的手法

通过询问"那又怎么样？"（"So what？"）明确上层信息

② 自上而下法

通过"MECE"从上向下构建逻辑金字塔的手法

通过询问"为什么要那样做？"（"Why so？"）明确下层信息

通过组合使用这些手法，构建逻辑金字塔

MECE："不重叠、不遗漏"

确认所有要素是否没有重复、无一遗漏

基于逻辑思维的问题解决流程

① 明确课题或问题

② 摸索出多个替代方案

③ 使用适当的评价标准，选择最佳方案

第 3 章

清晰表达的三个变量

- 日本人是暧昧表达的高手
- 清晰表达的三个变量
- 明确主语和谓语
- 使用逻辑连接词
- 降低表达的抽象度

在谈判时，除了要有逻辑性，还要注意信息的清晰表达。如果信息表达不够清晰，就算再怎么有逻辑性，谈判也不会成功。

清晰表达的反面是暧昧表达。暧昧表达会给对方留下自行作出多种解释的余地，所以会导致对方因臆测或擅自推论而产生误解。

3.1　日本人是暧昧表达的高手

一般来说，日本人非常擅长暧昧表达的技巧。日本文化是高密度①，即高语境的文化，所以不用说得太多，就能彼此沟通。因此，即使实际表达中的信息非常暧昧，日本人也能在某种程度上实现沟通。

高语境文化要想顺利发挥其作用，前提是沟通的对方也拥有高语境文化。然而，尽管随着与异种文化的接触，全球化风潮在当今日本迅速蔓延，但即使在同一个文化圈里，背景不同的人进行谈判时，这一前提也会坍塌消失。

例如，同一行业的日系企业间进行合并时，就会爆发巨大的文化冲突。清晰表达的技巧之所以非常重要，原因就在于此。

即使是同一个文化圈、同一个行业，人们也往往拥有

---

① "高密度"在这里指言简意繁，用词较少而含义较丰。——编者

不同的文化背景。比如金融界，证券公司和商业银行的文化就截然不同。证券公司好比狩猎民族，而商业银行犹如农耕民族。在高科技产业界，软件厂商和硬件厂商的文化也完全不同。例如"尽快"这个词，在一家公司可能是指2～3天，但在另一家公司可能是指2～3周。

强调清晰表达绝不是不提倡暧昧表达，完全可以有意识地、有战术地使用暧昧表达。只不过，要想有战术地使用暧昧表达，前提是要牢牢掌握清晰表达的能力。也就是说，最好能够同时活用暧昧表达和清晰表达。

3.2 清晰表达的三个变量

确保清晰表达的"变量"并不多，主要有以下三点：

① 明确主语和谓语

② 使用逻辑连接词

③ 降低表达的抽象度

只要灵活运用这些变量，就一定能够表达出清晰的信息。

3.3　明确主语和谓语

在构思想要传达的信息时，请先记得明确主语。因为日本人在造句时，存在省略主语的强烈倾向。甚至可以说，日本人讨厌主语。

比方说，在小学的国语课上，小学生们会拼命训练如何省略主语，例如汉字的默写。这原本是在练习学习汉字，却也可以被认为是在练习省略主语。

- 过桥
- 盖房子
- 去学校
- 读书
- 写日记

小学生是通过学习类似这样的词组来记忆汉字的。

可是要学习汉字，就没必要记住这些片断的词组。如果想记住"桥"这个汉字，那就直接记住单独的"桥"字好了。如果想同时学习如何使用"桥"这个汉字，就应该记住完整的句子——

· 我过桥

· 木匠盖房子

· 学生去学校

· 老师读书

· 妹妹写日记

难道不应该像这样通过主语明确的句子来学习汉字吗？我总忍不住想：从这个角度来说，默写练习与其说是为了学习汉字，倒不如说是为了消除对主语省略句的不协调感。

我曾把这一想法讲给某位小学教师听，结果那位教师说，"我从没想过这些词组缺少主语"。

这位教师绝非特例。我们真的意识到自己在省略主语吗？大多数人的回答恐怕都是"No"吧。

某个学说认为，日语这种语言本来就没有主语的概念。该学说的可信度姑且不论，但日本人存在省略主语的强烈倾向，则是不可否认的事实。要想确保清晰表达，首先就应该使用主语明确的句子。

下面分析一下"这一企划应该积极推进"这个句子。

这个句子的主语是哪个？如果认为"这一企划"是主语，那就错了。因为"这一企划"不可能生出手脚来，自己推进自己。

谓语则很明确，就是"推进"。那么，做出"推进"这一动作的主体是什么呢？

想必大家已经明白了。这个句子里并没有主语。可能的主语有很多，例如"本公司""该事业部""我们"等等，但我们根本弄不清楚哪个才是正确的主语，因为这个句子本就缺少主语。

如果假设"本公司"是主语，就会形成"本公司应该推进某某"这一基本句型。那么，"这一企划"应该如何处理，才能使句子结构变得明晰呢？只要把"这一企划"改成宾语，放在谓语的后面就可以了，即"本公司应该积极推进这一企划"。

如果想把"这一企划"变成主语，同样确保句子结构依然正确，应该怎样修改呢？

只要把"推进"从主动态改为被动态就可以了，即"这一企划应该被积极推进"。

但在这种情况下，做出推进行为的主体仍不明确。如果此时明确指出推进行为的主体，就会变成"这一企划应该被本公司积极推进"这种很生硬的句子。因此应该避免被动态，尽量使用"本公司应该积极推进这一企划"这种主动态，从而确保句子结构的明晰。

由此可见，在造句时，并不是改变词语位置就能自动明确主语。

此外，通过拉近主语和谓语，能使"什么怎么了""什么是什么""谁应该怎样做"等信息表达得更清晰。而要想拉近主语和谓语，就应该缩短主语和谓语之间的说明部分，或者将其拆分出来，放在另一个句子里，把一句话分成两句话来说。

他昨天参加公司年会的时候，因为跟阔别已久的几个同学畅谈起往事、近况以及未能参加年会的朋友的事，忘记了时间的流逝，结果错过了末班车。

这个句子的主句是"他错过了末班车"。可是，主语"他"和谓语"错过"之间掺入了多达数十字的信息，使主语和谓语离得太远，导致句子冗长难解。如果把主语和谓语之间的距离缩短一些，就能减轻读者的负担。

【优化举例】

他昨天错过了末班车。因为参加公司年会的时候，他跟阔别已久的几个同学畅谈起往事、近况以及未能参加年会的朋友的事，结果忘记了时间的流逝。

这样一改，"他错过了末班车"的主语和谓语的关系就变得清晰起来，比原文更容易理解。不过，接在"因为"后面的论据部分仍然很长，还有进一步改善的余地。

3.4 使用逻辑连接词

要想确保清晰表达，除了要明确主语，还需要使用逻辑连接词。因为日语本来就是表意暧昧的语言，所以存在乱用暧昧连接词的现象。

所谓暧昧连接词，是指连接两条信息的表意含混的连接词。暧昧连接词并未明确多条信息之间的关系，所以成为阻碍信息准确传达的一大原因。例如：

本商品处于市场成熟期，而价格稳定。

这个句子的两条信息之间使用了"而"这一暧昧连接词。那么，"本商品处于市场成熟期"和"价格稳定"之间究竟是什么关系呢？

很遗憾，只要使用"而"这种形式的连接词连接，这两条信息之间的关系就是不明确的。也就是说，读者无法判断出，这两条信息是毫无关系、相互独立的，还是存在类似因果关系的串联关系。

如果这两条信息是相互独立的，后句就可以作为下面这样的顺接信息，起到补充作用：

　　本商品不仅处于市场成熟期，而且价格稳定。

　　相反，如果这两条信息具有一定的因果关系，就应该采用如下的表达方式：

　　因为本商品处于市场成熟期，所以价格稳定。

暧昧连接词能使造句变得轻松

　　事实上，日本人之所以喜欢使用暧昧连接词，很大程度上是因为暧昧连接词能使造句变得轻松。也就是说，造句时不用仔细琢磨前后句的关系，只要随便使用暧昧连接词，就能实现句子的连接。

　　可这样做的结果却是，句子彼此之间的关系毫不明确，各自独立形成段落。这对作者来说是很轻松，但从清晰表达的角度来考虑，就不得不说是一个很严重的问题。

　　例如下面这句话：

　　在该业界，实行放宽限制的政策，而基于国内营业形态的区域化环境崩溃，竞争愈发激烈，而外资的投入也有所增多，管理企业越来越难，而不少企业被迫撤离，可以预计今后的状况将依然严峻。

这个句子由以下八个部分组成：

① 在该业界

② 实行放宽限制的政策

③ 基于国内营业形态的区域化环境崩溃

④ 竞争愈发激烈

⑤ 外资的投入也有所增多

⑥ 管理企业越来越难

⑦ 不少企业被迫撤离

⑧ 可以预计今后的状况将依然严峻

问题在于，从②到⑦使用了多个暧昧连接词。

这句话的意思是说，在该业界发生了从②到⑦的事。然而，这些部分彼此之间的关系并不明确。如果能够明确这八个部分的相互关系，然后使用适当的逻辑连接词，应该就能造出表意非常清晰的句子。接下来请读者跟我一起，把暧昧连接词换成逻辑连接词。

首先来明确一下各部分信息的相互关系。归根结底，这个练习的重点在于清晰表达，所以不必对内容在宏观经济学上的严密性作过多要求。

先来看②"实行放宽限制的政策"和③"基于国内营业形态的区域化环境崩溃",二者之间大概是因果关系。也就是说,"实行放宽限制的政策"是原因,造成了"基于国内营业形态的区域化环境崩溃"这一结果。姑且认为由②得出③。

再来分析④"竞争愈发激烈"。如果尊重原文的语境,造成竞争激烈的原因大概就是②"实行放宽限制的政策"和③"基于国内营业形态的区域化环境崩溃"。因此,可以姑且认为由②+③得出④。

⑤"外资的投入也有所增多"呢?可以想见,外资的投入大概起因于②"实行放宽限制的政策"。不过,从句子的结构上来说,②和⑤之间的距离稍有些远,很难直接把二者归结为因果关系,不如认为⑤和④"竞争愈发激烈"存在直接关系更为合适,可以把⑤视为②的补充信息。

⑥"管理企业越来越难"的论据是④"竞争愈发激烈"和⑤"外资的投入也有所增多"。因此,可以视为由④+⑤得出⑥。

⑦"不少企业被迫撤离"可以说是从②到⑥造成的结果,因此可以视为由②+③+④+⑤+⑥得出⑦。

至于⑧"可以预计今后的状况将依然严峻",可以跟①"在该业界"合二为一,即"可以预计该业界今后的状况将依然严峻"。这一信息可以说是整个句子的结论,也相当于总括全体的摘要。

　　我们不妨基于这些考察，尝试对原文作出修改。

【优化举例】

　　在该业界，由于实行放宽限制的政策，基于国内营业
形态的区域化环境崩溃，导致竞争愈发激烈。而且，外资
的投入也有所增多，因此管理企业越来越难。在这样的环
境下，不少企业被迫撤离。总而言之，可以预计该业界今
后的状况将依然严峻。

　　这只是优化举例之一种。根据不同的解释，完全可以有其
他不同的表达。关键在于，无论什么样的解释，要想清晰表
达，就应该排除暧昧连接词，使用合适的逻辑连接词。

　　首先，不能期待读者来做这件事。这是信息发送者的责任。

　　有一位来高杉事务所参加过研修的人曾说："我以前一直
误以为，写商务文书必须使用大量的暧昧连接词。"正如其本
人所言，这是很大的误解。我希望各位读者能够抱着"我绝对
不会使用暧昧连接词"的坚定信念。一开始的效果恐怕不会很
理想，但完全没必要沮丧，只要每天不懈努力，总有一天会养
成习惯的。

熟练使用逻辑连接词，还能提高英语写作能力

本书是把逻辑连接词视为确保日语清晰表达的一个变量，而实际上，从学习英语的角度来说，逻辑连接词也是十分重要的。

可以说，英语这种语言就是由逻辑连接词构成的。因此，写日语时爱用暧昧连接词的人，突然改用英语时，能否巧妙地操控好逻辑连接词，实在很值得怀疑。

经常有人向我咨询说，"我总是写不出有逻辑性的英语句子"。每到这时，我就希望对方能问一问自己："你用日语能写出有逻辑性的句子吗？"回答只怕也是"No"吧。一般来说，在写日语句子时习惯使用大量的暧昧连接词，换成英语时当然不可能一下子变得善于使用逻辑连接词。

日本人使用日语的场合自然要多过英语，所以我们首先应该牢牢掌握如何在母语中熟练使用逻辑连接词。只要做到这一点，在写英语时直接翻译过去就可以了。

3.5 降低表达的抽象度

一天，某公司的社长对员工们下达了"要强化我们的经营力"的命令。可是，所有员工都不知道究竟该做什么，结果没有采取任何实际行动。

社长进行了反省："光说'要强化我们的经营力'，大家根本不知道该做什么。"于是，他下达了新的命令："重新评估我们的营业体制！"

结果，某处店面的店员人数增多了三倍，某处店面的店员人数却减少了一半；某处店面大幅提高了营业目标，某处店面却大幅下调了营业目标。员工们各自为政，各行其是，导致整个公司都变得乱七八糟。

这个例子或许有些极端，但高度抽象的表达确实存在很大的风险，要么无法促使对方展开行动，要么有可能引发出人意料的举动。要想避免这些情况的发生，关键在于要使表达尽量具体。

"经营力""重新评估"等抽象的表达方式，乍一看显得很时尚，其实很危险，这是把解释权交给了对方。要想确保清晰表达，就应该避免高度抽象的表达方式，尽量采用具体的表达方式。

比方说，假设你是生产负责人，当营业部门提出如下要求时，你会采取怎样的行动？

供需缺口越来越大，请调整生产！

问题在于，"供需缺口"和"调整生产"都属于高度抽象的表达方式。

平时说到"供需缺口"，大多是指供大于求，但这毕竟只是常用的含义，法律并未规定"供需缺口 = 供过于求"。也就是说，接到命令的人有可能将要求解释为"供不应求"。

再说"调整生产"。平时说到"调整生产"，大多是指"减产"。然而，这种高度抽象的表达方式本身是中性的，既可以解释成减产，也可以解释成增产。

因此，为了避免误解，应该换用具体的表达方式——

供给大幅超过需求，请减少产量。

否则，收到命令的人就可能产生误解，以为"需求超过供给，所以要求增产"。

高度抽象的表达方式

包括谈判在内，商务文书中经常出现高度抽象的表达方式。

· 推进

· 促进

· 重新评估

· 构建

· 强化

· 增大

· 合理化

· 激活

这个列表还可以继续写下去。

看到这里，有的读者可能会惊讶地说："哎？这样的表达方式有问题？糟了。这么说，明天的文书啥也写不出来了。"

其实，我并不是说绝对不能用这些表达方式，只是在使用它们时，应该根据需要，作出具体的说明。这样一来，对方就不会因误解而做出出人意料的举动了。

以上是对确保清晰表达的三个变量的分析。只要灵活操控这些变量，就能避免误解，确保信息传达得清晰准确。请大家给予重视，平时就要注意养成习惯。

总　结

清晰表达的三个变量

① 明确主语和谓语

明确指出句子的主语

拉近主语和谓语之间的距离

② 使用逻辑连接词

避免使用表意不明确的暧昧连接词连接前后句，尽量使用表意明确的逻辑连接词

【暧昧连接词】例如"而"等

【逻辑连接词】例如"因为……""尽管……""自……以来""而且……"等

③ 降低表达的抽象度

不要使用抽象的用语或表达方式，尽量采用具体的表达方式

如果不得不使用抽象的表达方式，请附加具体说明

【抽象的表达】推进、促进、重新评估、构建、强化、增大、合理化、激活

第 4 章

谈判力的源泉

- BATNA——谈判决裂时的次优策略
- 可供选择的替代方案只有一个
- 不要过于迷信BATNA
- 信息力就是谈判力
- 筛选出能够成为谈判力的要素

4.1 BATNA——谈判决裂时的次优策略

BATNA（Best Alternative to Negotiated Agreement，最佳替代方案）是进行良性谈判的一个重要概念，是谈判决裂时的次优策略。BATNA的好坏将在很大程度上影响谈判代表的谈判力。

假设你是电脑厂商Z公司的员工，负责采购零部件。如今，你正在就生产电脑所不可或缺的心脏——CPU（中央处理器）的采购条件与A公司进行谈判。

可以试着假设几个BATNA。

例如，即使现在的谈判决裂，Z公司也可以以不错的条件，从B、C等其他多家CPU厂商那里采购相同品质的CPU。也就是说，即使与A公司的谈判决裂，也可以采取次优的替代方案。这种情况下的BATNA就是"以不错的条件从其他多家公司采购的可能性很高"。这样一来，你就能以强硬的姿态与A公司进行谈判。

再假设一个BATNA。假设你想采购的CPU只有A公司独家生产，而且除了你所在的Z公司，还有多家电脑厂商试图向A公司采购CPU。那么，如果与A公司的谈判决裂，次优策略是什么呢？

既然没有其他的采购渠道，BATNA就会变成"无法采购必要部件"，结果可能导致公司的竞争力大幅下降。如此一来，在与A公司进行谈判时，可能无论如何都无法采取强硬的态度了。

接下来，我们不妨以就业活动为例，来分析BATNA的好坏。

X目前从事着自己还算满意的工作，虽然不能说每天都充满激情，但没有什么大的不满，待遇方面也算可以。一天，某个猎头向他推荐了一家外资金融机构的就业机会。在X与猎头及外资金融机构的谈判中，BATNA是什么呢？

既然目前的职业很稳定，那么即使谈判决裂，也可以继续从事现在的工作，所以BATNA显然是"继续从事现在的工作"。如果没有相当好的条件，X想必是不会考虑跳槽的。如此一来，他就能以强硬的姿态面对谈判了。

反过来再看另一个例子。

Y 很不走运，因被卷入裁员浪潮中而失业了。他在求职，却找不到满意的工作，只能眼看着存款一天天变少。目前，他正在参加 W 公司的面试。Y 的 BATNA 是什么呢？

很遗憾，Y 的 BATNA 是"在存款不断减少的情况下继续处于无业状态"。因此，在与 W 公司的谈判中，Y 没有办法抱太高的期待。

4.2　可供选择的替代方案只有一个

如上所述，BATNA 是谈判破裂时的替代方案。评价 BATNA 与评价一般的替代方案一样，不要把多个替代方案算在一起。

例如，你打算卖掉自己正在开的车。卖车的替代方案可能有很多，如继续开、给家人开、用作库房等。

千万不能因为存在这么多的替代方案，就轻易认为自己可以"以强硬的姿态面对谈判"。因为无论存在多少个谈判决裂时的替代方案，可选择的只有一个。在多个替代方案之中，最好的那一个才是BATNA。归根结底，Best Alternative（"最佳"替代）——即次优策略——才是BATNA。因此要注意，不能把替代方案算在一起。

4.3　不要过于迷信BATNA

想必大家已经明白，作为谈判决裂时的次优策略，BATNA的好坏将在很大程度上左右谈判代表的谈判力。因此，通过BATNA认知自己的谈判力时，需要十分小心，过度乐观或悲观都不好，应该通过冷静的分析和"良性思维"来把握BATNA。所谓"良性思维"，是指基于现实的辩证思维，即"很希望如此，但也可能失望"。具体情况将在第6章再作阐述。

首先不要一味悲观。悲观和绝望是谈判的大敌。即使BATNA乍一看很不好，也要采取冷静的态度，寻找能够提高自己谈判力的因素，这一点至关重要。

下面再来重新分析一下前面那个采购CPU的例子。因为要采购的CPU由A公司独家生产，所以对于Z公司来说，谈判决裂时的次优策略是"无法采购必要部件"，结果便有可能导致Z公司的竞争力大幅下降。

如果BATNA正确，就的确不能以强硬的姿态与A公司进行谈判了。但即便如此，也不一定就要对A公司唯命是从，所以不要陷入悲观和绝望，应该以提高双方满意度为目标，积极寻找能够提高自己谈判力的因素。

那么在本例中，什么因素才有可能成为Z公司的重要筹码呢？

Z公司作为电脑厂商的地位和形象如何？如果地位高、形象好，A公司也会希望自己的CPU能被Z公司的电脑搭载，这样就找到了合作的价值。假如因为Z公司在业界属于二流，A公司就提出比其他竞争公司明显恶劣的条件，便可能会触犯《反垄断法》。

况且，Z公司或许还能从A公司采购其他部件或产品，这样就能通过一揽子交易来增加吸引力。当然，如果A公司强行要求一揽子交易，就有可能变成搭配销售，也是违反《反垄断法》的。

总之，肯定存在能够提高自己谈判力的因素，关键是要努力寻找，而不要悲观绝望。

下面再看看因裁员而失业的Y。

　　Y 的 BATNA 是"在存款不断减少的情况下继续处于无业状态"。在与 W 公司的谈判中，他可能的确无法抱太高的期待，但也不至于只能无条件地接受明显不利的条件。不知道他有没有充分盘点过自己的履历。很多时候，人一旦气馁，就很难看见积极的一面，而且还会存在放大负面因素的强烈倾向，因此需要格外注意。

　　关键在于，要把自己迄今的职业生涯跟别人区别开来。这就要求积极作出尝试，努力让自己的履历变得与众不同。即使本人没有意识到，也一定存在以前培养起来的特殊技能或知识。如果从一开始就陷入"一无是处"的悲观绝望之中，那就很危险了。

　　悲观绝望的思维是"自我实现"性质的思维，也就是从一开始就断定自己不行，所以也不会作必要的努力。如此一来，成功率自然就会降低，再一看见坏的结果，就会心安理得地接受最初"不行"的判断。也就是说，正因为当初断定"不行"，最终才会变得"不行"。

　　请努力地筛选自己的"资本"，从中找出有吸引力的要素。

4.4 信息力就是谈判力

除了BATNA，还有其他左右谈判力的要素。

如果是竞争性质的谈判，谈判力可被认为是迫使对方作出让步的力量；如果把谈判理解为提高双方满意度的合作，谈判力还可被认为是解决问题的能力。

无论哪种情况，信息起到的作用都是非常重要的，可以说"知识就是谈判力"。

没什么比拥有优质信息——正确且重要的信息——更重要。在考虑己方和对方的BATNA时，有效的信息也是不可或缺的。但要注意，胡乱搜集信息并没有多大效果。

首先应该收集能为自己的主张提供支持的信息。一味罗列情绪化的主张是缺少说服力的，因此，能够作为论据——能够证明己方要求之正当性——的信息的收集是很重要的。以逻辑金字塔言之，就是收集子信息级别的信息。

类似的案例或判例是尤为重要的信息。若是关于不动产买卖的谈判，或是关于企业收购价格的谈判，最近的类似案例就能成为有说服力的信息。在工资谈判中，同行业其他公司的信息也是必不可少的。

小孩子对类似事件的说服力就有很充分的理解——"班里所有人都有手机，只有我没有。给我也买一个吧"。

灵活利用类似案例信息的谈判代表，会强调目前的谈判跟案例有多么相似。相反，拒绝类似案例信息的谈判代表，会尽力强调目前的谈判是多么独特，也就是强调与以往案例的不同之处。

收集对方的信息

谈判离不开对手，所以收集对方的信息也很重要。

- 对方的谈判代表有着怎样的履历？
- 以前有没有谈判决裂的经历？
- 他和他的组织有着怎样的时间限制？
- 谈判代表的个人价值观和关注点是怎样的？
- 组织是什么样的？
- 组织的计划是怎样的？
- 最后拍板的人是谁？
- 谈判代表本人站在什么立场？
- 他有多大的权限？
- 如果谈判决裂，对方会怎么做？
- 对方在以往的类似谈判中是怎么做的？
- 对方所重视的争论点是什么？

收集对方的信息，并不仅限于与谈判相关。谈判对手若是企业，就有业务开展领域、市场占有率、销售动向、分布信息、技术强弱、财务体制等信息。即使与谈判并无直接关系，也可以事先记住一些基本信息。

通常来说，一旦谈判开始，对方就会采取一定程度的防守，此时获取信息就比较困难了。因此，应该尽量在谈判开始之前努力收集对方的相关信息。

从信息渠道的角度来说，对方若是企业，既可以通过顾客获取信息，也可以通过竞争公司获取信息。另外，评级机构、证券公司等信息收集渠道也很重要。

当然，还可以利用付费的新闻检索服务。如今，互联网也是不可缺少的信息源。利用百度、雅虎、谷歌等主要的搜索引擎，能收集到的信息质量暂且不论，至少数量是很可观的。许多报社的主页还附有新闻检索功能，也可利用。

不要忘记收集并整理自己的相关信息

在收集对方信息的同时，不要忘记收集并整理自己的相关信息。

· 自己拥有怎样的知识和经验？

- 自己有着怎样的时间限制？
- 自己能够让步和难以让步的争论点分别是什么？
- 自己在组织内部的谈判对手是谁？
- 谈判决裂时的次优策略是什么？

不要过于相信"自己最了解自己"这句话，应该尽量客观地整理自己的立场和相关信息。此时需要事先作好充分的预习。

相信自己具备谈判力

无论是BATNA，还是对方或自己的相关信息，其重要程度均取决于当事人的理解。也就是说，只要相信"自己具备很强的谈判力"，就能积极面对谈判，在对方的压力下也不会轻易动摇，结果往往能在谈判中居于上风。

反过来说，如果深信"自己几乎毫无谈判力"，主动地变得消极，结果就有可能作出不必要的让步。也就是说，这样相当于作出了"自我实现"性质的预测。仔细想想，其实所有的谈判力都属于心理现象。

美国曾做过一个谈判实验，可以作为证明上述说法的具体案例。

该实验将谈判技巧水平相同的被实验者分成A和B两组，先给所有人提供了同等数量的信息，但告诉A组"你们得到的信息比B组多"，告诉B组的则是"你们得到的信息很有限，A组得到的信息比你们多"。

也就是说，尽管A组和B组得到的信息量相同，但双方都相信A组得到的信息更多。

接着让两组成员进行虚拟的价格谈判。结果，相信自己所获信息更多的A组成员成功地迫使对方作出了极大的让步，尽管双方的信息量其实是相同的。

由此可见，是否相信自己具备谈判力，将在很大程度上左右实际的谈判力。

4.5　筛选出能够成为谈判力的要素

可是，即使已经理解"信者为强"，很多人也不知道怎样做才能相信"自己具备谈判力"。

随随便便就说"自己具备谈判力"是没用的。如果没有确切的论据，无论怎样尝试积极思考，效果都不会理想。

关键在于，要在相信"自己应该具备能成为谈判力的要素"的前提下,拼命思考,把能成为谈判力的具体要素筛选出来。正如前文所述,思考自己的BATNA的过程,就是筛选过程。

- 自己拥有怎样的知识和经验?
- 不管实际会不会做,也不管善恶好坏,对方能让自己感到为难的行为是什么?
- 对方有着怎样的时间限制?
- 组织的计划是怎样的?
- 谈判代表有什么立场?
- 如果谈判决裂,对方会怎么做?

此外,如果对方认为己方具备谈判力,自己没必要轻易打消对方这样的念头。例如,当卖方认为"买方有可能从其他公司购买"的时候,买方没必要告诉对方"其实只能从贵公司购买"。这样做会使自己在谈判中居于下风,结果可能不得不作出巨大的让步。

应该找个理由主动纠正对方的误解,努力诱使对方作出适当的让步。例如,可以把"只能从贵公司购买"变成积极的"正在考虑只从贵公司购买"。通过强调排他交易,诱使对方在价格、支付条件、配送成本等方面作出让步。在这个时候,没必要为"自己是虚张声势的纸老虎"而感到忏悔。

总之，应该通过不懈的思考和努力，找出能让自己相信的谈判力的依据。

总　结

BATNA 是谈判决裂时的次优策略

　·BATNA 好→能以强硬的姿态面对谈判（谈判力大）

　·BATNA 差→只能以软弱的姿态面对谈判（谈判力小）

BATNA 只有一个

　不要把多个替代方案算在一起

BATNA 差的时候怎么办

　·不要陷入悲观绝望

　·注意冷静分析和"良性思维"

　·努力地寻找能够提高自己谈判力的要素

信息力就是谈判力

- 收集能支持自己主张的信息
- 在谈判前收集对方的信息
- 收集并整理自己的相关信息

相信"自己具备谈判力"

筛选出能够成为谈判力的具体要素（ = 思考自己的 BATNA）

- 自己拥有怎样的知识和经验？
- 不管实际会不会做，也不管善恶好坏，对方能让自己感到为难的行为是什么？
- 对方有着怎样的时间限制？
- 组织的计划是怎样的？
- 谈判代表有什么立场？
- 如果谈判决裂，对方会怎么做？

第 5 章

分析谈判对手的需求

- 组织需求与个人需求
- 个人需求和组织需求有时是对立的
- 发掘对方需求的SCQA分析
- 要注意A是不是Q的直接答案
- 确认Q的优先顺序

5.1　组织需求与个人需求

人为什么要谈判？是为了满足自己的需求。本书将谈判视为"以提高双方满意度为目标的交流"，而"提高双方满意度"就是满足彼此的需求。而且一般来说，人与组织的需求往往并不相同。正因为存在不同的需求，以双赢——提高双方满意度——为目标的谈判才会成为可能。

换言之，如果把谈判视为"以提高双方满意度为目标的交流"，就要对对方的需求保持敏感。

心理学家马斯洛（Abraham Maslow）提出的"需求层次理论"，是理解人与组织的需求的著名理论。根据该理论，人类的需求可以分为如下五个层次：

· 第一层次——生理需求（basic survival）

· 第二层次——安全需求（safety and stability）

· 第三层次——社交需求（love and acceptance）

· 第四层次——尊重需求（self-worth）

· 第五层次 —— 自我实现需求（self-actualization）

下面从企业组织的角度来分析马斯洛的"需求层次理论"。

第一层次的生理需求，对于人类来说，包括维持生存所需的最低限度的食物、空气、水等物质。因此，从企业组织的角度来说，就是要确保创业所需的资本、员工、店面设备等等。

第二层次的安全需求，是指确保企业利益，维持竞争力，充足的运转资金以及维持评级等等。

第三层次的社交需求，主要体现在加入业界团体、跟当地社会建立友好关系等方面。

为了满足第四层次的尊重需求，企业组织可能会考虑在业界团体中获得表彰，或者对员工委以各种各样的职位或责任。

第五层次的自我实现需求，对企业组织来说或许就是成为业界领袖。让员工通过研修课程实现自我启发，可以说是自我实现需求的具体例子。

下面再从个人的角度来分析马斯洛的"需求层次理论"。

"饿着肚子什么也想不下去。吃了饭再想吧。"或"睡眠不足导致无精打采。今天还是早点儿睡吧。"—— 这些都是第一层次的生理需求。

"（跳槽时）这个职位看起来还不错，但现在工作的这家公司是大公司，业绩也很稳定。还是别冒险了，继续留在这里工作吧。"——这是第二层次的安全需求的体现。

"大城市的生活确实很刺激，但家人和朋友都在这边，到大城市就孤零零一个人了，还是别搬过去了。"——这就是第三层次的社交需求。

"新公司虽然不大，但我有了更大的权力。虽然责任也变得更重了，但远比现在这份给别人打下手的工作更有意义。"——这是第四层次的尊重需求。

"维持现状也不会妨碍职业规划，但我想尝试发掘自身的可能性，所以还是留学去读MBA（工商管理硕士）吧。"——这是第五层次的自我实现需求。

无论组织还是个人，正因为存在想满足的需求，才会进行谈判。即使对方对谈判不感兴趣，也可以通过陈述对方的需求，把对方吸引到谈判桌前。因此，有效的做法是提前了解清楚对方需求的种类。

　　美国曾有一个案例。某购物中心的开发商对郊外的一块地皮很感兴趣，可是该土地所有者是位老人，早已攒下充足的资产，对赚钱并无需求，所以从一开始就对购物中心和卖地毫无兴趣。

　　于是，开发商提出用对方的名字命名购物中心的条件。土地所有者对这个方案很感兴趣，就坐到了谈判桌前。

也就是说，开发商命中了对方的第四层次的尊重需求和第五层次的自我实现需求。有时候，诉诸高层次需求，效果可谓立竿见影。

5.2　个人需求和组织需求有时是对立的

出于方便，前文的分析是把个人需求和组织需求分开来考虑的。但在实际谈判中，个人需求和组织需求往往是混杂在一起的。因为谈判代表是人，所以既有要当作任务完成的组织需求，也有想满足的个人需求。

有时候，这两种需求是互相对立的。比如说，谈判成功也许对组织有利，但是谈判代表觉得对方太没礼貌，可能就会有意促使谈判决裂。

再比方说，谈判代表如果计划第二天去旅行，在当天的谈判中就有可能作出让步。哪怕再坚持一下会对组织更有利，也会有意促使谈判成功。

因此要时刻意识到，谈判中的组织需求和个人需求往往是混杂在一起的，这一点非常重要。

5.3 发掘对方需求的SCQA分析

把谈判理解为"以提高双方满意度为目标的交流"时，找出对方的关注点是一项很重要的工作。因为只要能够确定对方的关注点，在这上面多下功夫，就容易提高对方的满意度，而对方提高了满意度，也会反过来想着提高己方的满意度。

具体来说，就是要基于前文提到的一般情况下的个人需求和组织需求，从谈判一开始就努力做到积极倾听，或者在谈判过程中直接问出对方的关注点。

其实，在谈判开始前的准备阶段找出对方的关注点是比较理想的。当然，这时得到的信息只是假设，要等谈判开始后再加以验证。

下面介绍一种在谈判准备阶段找出对方关注点的有效手法，称为"SCQA分析（Situation、Complication、Question、Answer Analysis，即情境、障碍、疑问、答案分析）"。

该手法与逻辑金字塔一样，是我在管理咨询公司任职时培养、掌握的思维工具。具体来说，就是通过分析对方的心理，将对方可能感兴趣的重要事项以疑问句的形式表现出来。

先大概解释一下该手法。

SCQA分析的第一步是确认对方的具体形象。这个步骤非常关键。

第二步是尝试描绘对方迄今所经历的稳定情境。这是 SCQA 中的 S（Situation：情境）。

第三步是设想能够破坏上述稳定情境的情节，以及能给稳定情境带来巨大变化、致使事态进展不顺的问题。这是 C（Complication：障碍）。

在从 S 到 C 的过程中，还要以疑问的形式，设想对方可能重视的课题。这是第四步的 Q（Question：疑问）。Q 本身即是对方关注点的反映。

最后的第五步是思考 Q 的答案，也就是针对对方的核心疑问，给出能够提高对方满意度的 A（Answer：答案）。最理想的情况是，这个答案正是己方在谈判中的提案。

很多时候，己方的提案从一开始就已确定。关键在于，如何才能使其成为对方的关注点（即 Q）的答案。

从"桃太郎"看 SCQA 分析

下面以众所周知的"桃太郎"的故事①为例来加以说明。

---

① 日本著名的民间故事：老夫妇捡到大桃子，大桃子里迸出了桃太郎，桃太郎长大后为民除害。下文所引的是故事的开头。——编者

很久很久以前，有个地方住着一对老夫妇。

故事开头相当于SCQA分析中的明确谈判对手。

老爷爷每天都会进山砍柴，老奶奶每天都会去河边洗衣服。

这部分相当于描绘谈判对手的稳定情境的S（情境）。

有一天，老奶奶正在河边洗衣服，突然发现上游晃晃悠悠地漂下来一个很大的桃子。

这部分可以理解为破坏稳定情境的C（障碍）。

老奶奶是应该对桃子视而不见呢，还是应该把桃子拿回家和老爷爷一起吃掉呢？

这部分相当于反映当事人——老奶奶——关注点的Q（疑问）。

作为A（答案），可以有"机会难得，应该拿回家""桃子来路不明，还是视而不见比较稳妥"等。

关于对方关注点Q的设想，是在从S到C的过程中完成的。

5.4　要注意A是不是Q的直接答案

在思考A（答案）的时候，必须注意A是不是Q（疑问）的直接答案。例如，对方的Q是"订单为什么减少"，如果回答"做做市场调查吧"，能算真正的A吗？答案显然是"No"。

"做做市场调查"的确是可付诸行动的一个提案，但也只是提供了一种可用来得到最终答案的手段而已，并非答案本身。可以说，这个回答就相当于说"我不知道答案"。

同样地，如果对方的Q是"怎样才能增加订单"，回答"让咨询顾问制定战略吧"就不是最终的A。这跟先前的"做做市场调查吧"一样，只是提供了一种找到最终答案的手段而已。

那么，下面这个例子呢？

某公司的人都希望高龄的创始社长卸任。疑问是"让社长卸任有哪些手段"。请大家分析一下如下所列答案的优劣。

"可以让其担任名誉会长。"

乍一看似乎是个不错的答案，大家觉得怎么样？

很遗憾，这个手段作为答案并不好。因为想让对方担任名誉会长，就要先让其辞去社长一职，否则变成兼任社长和会长，那就毫无意义了。也就是说，这个答案并不能直接解决问题，不宜作为 A。

那么，能够直接回答"让社长卸任有哪些手段"的 A，究竟应该是什么样的呢？

作为 A 的候选，大概有"让朋友劝说"的温柔手段，或"在董事会上剥夺其职务"的强硬手段。

前面所说的"可以让其担任名誉会长"的答案，只是"劝说"手段的一个素材，并不是使其辞去社长职务的直接手段。

5.5　确认 Q 的优先顺序

而且，不能只考虑 A 是不是 Q 的本质答案，还必须仔细思考，确认 Q 本身是不是对方的关注点。

例如，对于营业额呈减少趋势（情境）的超市来说，把"营业额减少的原因是什么"作为 Q 怎么样？

很多人可能觉得，对方的关注点完全在于营业额的减少。当然，找到营业额减少的原因是很重要，但对方的关注点更可能在于"怎样才能提高营业额"。也就是说，这里可能过早断定了Q。因此，应该先设想多个与对方有关的Q，在谈判过程中确认其优先顺序。

通过具体案例，理解SCQA分析

下面通过具体的案例来分析，以直接回答Q的形式来推动谈判的技巧。

  Y是某大型厂商的厂长。工厂里仍在使用老式设备，尽管还能用，但他想换成新型设备。为此，他需要同公司的领导层进行谈判。

  Y是工程师出身，长年参与生产工作，习惯从技术的角度进行分析，一不小心就会长篇大论地说明老式设备在技术上多么落后，新型设备多么先进。因此，他需要通过SCQA架构来对领导层进行分析。

首先是谈判对手的具体形象。公司领导层是"作为股东的机构投资者所雇用的、需要面对提升企业价值和全球化竞争压力的经营团队"。

S是"一直通过不断努力削减成本来维持相应的竞争力"。

C是"由于泡沫经济破灭后的价格崩溃，像以前那样继续削减成本，已经不能维持竞争力了"。

按照这个态势，Q自然是"今后怎样才能继续维持竞争力"。

对于Y来说，有效的做法是在谈判中回答领导层的Q。例如，最好说"新设备的生产效率很高，足以抵消低租金地区在竞争中的低成本优势"，或者"使用新型设备能制造出竞争对手无法模仿的高品质产品，从而使竞争力得到飞跃性的提升"。

当然，即便Y想这样说，实际中也可能不方便说，或者不能说到这个程度。但可以肯定的是，比起长篇大论地说明新型设备的技术参数，尽量针对领导层的Q找出A——即解决方案——要有效得多。

总　　结

谈判是"以提高双方满意度为目标的交流"

思考谈判对手的需求是什么

人类需求的五个层次：

① 生理需求

② 安全需求

③ 社交需求

④ 尊重需求

⑤ 自我实现需求

个人需求和组织需求

个人需求和组织需求有时是对立的

通过SCQA分析，发掘谈判对手的需求

① 首先确认谈判对手的具体形象

② 描绘谈判对手的稳定情境（S : Situation）

③ 设想破坏稳定情境的障碍（C : Complication）

④ 在从S到C的过程中，找出对方的关注点，并以疑问句
的形式表现出来（Q : Question）

⑤ 思考疑问的答案（A : Answer）

要注意A是不是Q的直接答案

要事先设想多个Q，在谈判过程中确认其优先顺序

Q最好是己方在谈判中的提案

第 6 章

保持平常心，不要轻易动摇

- 什么是"坚韧"
- 保持平常心
- 良性思维与恶性思维
- 有益的负面情绪
- 符合逻辑且基于现实的"良性思维"
- 积累"不愤怒、不畏惧、不沮丧"的练习
- 采取低姿态，不无谓地刺激对方的竞争心和防卫本能

6.1　什么是"坚韧"

人们常用"坚韧的谈判代表"来形容优秀的谈判者。或许有人坚信，"坚韧的谈判代表就是指绝不让步的顽固的谈判代表"。

如果优秀谈判代表的本质在于"顽固"，那所有人都能成为优秀的谈判代表了。很简单，无论面对什么事，只要一味地坚持自己的主张，顽固地拒绝让步就可以了。

但不得不说，这只是立足于"坚韧就是顽固"这一误解之上的幻想罢了。

有时候，通过顽固也许能让对方认输，作出让步。以短期来看，可以说是顽固带来了胜利。

然而，作出让步的对方绝对不会感到满意，将来有可能以某种形式实施报复。通过顽固迫使对方认输，绝对称不上良性谈判，根本不能称为"提高双方满意度的交流"，只是单方面地固执己见罢了。

谈判代表应该具备的"坚韧"，是指一种灵活的思考能力，能在双方均无让步余地的谈判中继续顽强地思考，尽力找出双方都能接受的方案。

健全的肌肉、健全的精神

詹姆斯·勒尔（James Loehr）博士是美国的运动心理学家。他是著名的职业运动员顾问，主要进行包括意象训练和力量训练在内的韧性训练。

勒尔博士指出，健全的肌肉和健全的精神，存在灵活性、反应力、强韧性、恢复力等共同点。该理论对于谈判者应该具备的精神素质是有启发性的，我个人也很赞同，接下来就为大家介绍该理论，并补充我个人的一些想法。

【灵活性】

健全的肌肉承受负荷时，会向不同的方向延伸，以避免受伤。也就是说，健全的肌肉具有很高的灵活性（flexibility）。

对于谈判而言，思维的灵活性同样重要。谈判者需要具备灵活的思考能力，即使面对沉重的压力，也不会生气、不安或沮丧，能够尽力摸索出双方都可以接受的替代方案。

【反应力】

健全的肌肉对微弱刺激的反应也很敏感。反应力（response）也是健全的肌肉的一大要素。

反应力对于谈判也很重要。例如，为了发现对方的真实意图，就要仔细倾听对方的主张，而且对于对方隐藏在语言背后的需求，最好也能保持敏锐的反应。

【强韧性】

在必要的时候，健全的肌肉能发挥出巨大的力量。强韧性（strength）也是健全的肌肉所不可缺少的要素。

在谈判时，精神上的强韧性能激发巨大的热情和前进的动力。能够有力且有说服力地表明己方立场的强大意志至关重要。

【恢复力】

健全的肌肉有一个明显的特征，就是能从疲劳中迅速恢复。从压力造成的伤害中缓解过来的精神上的恢复力（resilience）也很重要。

长时间的讨论、僵局以及来自己方组织内部的压力等造成疲劳的因素，在谈判中往往很难避免。在这种情况下，如何迅速切换思维，重新展开谈判，是非常重要的。

【持续力】

在勒尔博士的理论的基础上，我想补充一个：持续力（endurance）。健全的肌肉不仅具有爆发力和强韧性，还有持续力。

在谈判中，为了达成目的，需要长时间地持续努力。

除了精神上的坚韧，身体上的坚韧也要重视。当然，这一点并不仅限于谈判代表。

虽然没必要在肉体上像健美运动员一样强壮，但有时候体力的确会成为决定谈判胜负的关键因素。我想强调的是，大家平时就要重视自己的健康管理。

无论如何，即使面对双方都不可能让步、谈判必然走向决裂的压力，谈判代表也要具备不轻易放弃的精神力。

关于战胜压力的精神韧性（mental toughness）的强化，后文还会继续进行深入分析。

6.2 保持平常心

可以说，所有的谈判战术都是为了搅乱对方的心理。因此，为了进行良性谈判，即使对方做出挑衅或诱骗等行为，自己也要保持平常心。这一点至关重要。可以说，保持平常心是成为坚韧的谈判代表的必要条件。

为此，识破对方所用的战术将会大有帮助。只要理解了对方的战术，就能更冷静地分析状况，从而缓解心理上的动摇和混乱。关于谈判中经常使用的"无德谈判战术"，将在第7章作详细介绍。

言归正传，心理上的搅乱、动摇是指什么样的心理状态呢？可以说是由强烈的负面情绪诱发而作出不必要的巨大让步的心理状态。

这里所说的负面情绪，以"沮丧""不安""负罪感""愤怒"四种情绪为代表。这些情绪都存在引发负面行为的巨大可能性。

例如，"沮丧"容易引发"放弃"行为，"不安"容易引发"逃避"行为，"负罪感"容易引发"自我否定"行为，"愤怒"容易引发"攻击"行为。从谈判的角度来看，这些情绪都有可能致使谈判代表作出巨大的让步。

对抗"坏房子—好房子战术"

来看一个具体的例子。黑心的房地产公司为了强行推销房子，经常使用"坏房子—好房子战术"。

　　例如，K先生想购买独门独院的房子。房地产公司的销售员先给K介绍了几个房间布局或地段不太好的房子。

　　K当然都不满意，同时也很失望沮丧，担心今后再也找不到好房子了。结果，他对房子的评价标准就会降低。

　　于是，房地产公司的销售员就会斟酌情况，介绍一些条件稍好的房子，然后诱骗说"买这个房子非常划算，很多人都来询价呢"，煽动K的不安。而且，销售员还会让同事给自己的手机打电话，装作房子马上就要成交的样子。挂断电话之后，销售员会对K说："要是现在不立刻签合同的话，这个房子就卖掉了。再也找不到这么好的房子了，错过了一定会后悔的！"

　　当K的不安达到顶点时，销售员还会一脸严肃地说："我把这么好的房子介绍给你，难道你要践踏我的诚意吗？"以此让K产生负罪感。最后，K就会同意签合同。

　　而一旦同意，给这一决定找正当化理由的强烈动机就开始起作用了，再加上"决定了就不该变卦"的思维作怪，K就会以并不便宜的价格买下并不好的房子。

　　那么，K怎样做才能顺利摆脱这种状况呢？

　　首先，如果能识破销售员的策略，当然是再好不过的了。一旦被识破，对方的策略就会失效。这个销售员所采取的战术，其实是很有代表性的"无德谈判战术"——"好东西—坏东西战术"——的变种。看清这一点，K或许就能克制内心的动摇，保持平常心。

6.3 良性思维与恶性思维

我们再来分析一下K的"思考—情绪—行动"的过程。大家一起想想，在这个过程中，K应该秉着怎样的思维，才能避免掉进销售员布置的陷阱。

首先，销售员给K介绍了几个房间布局或地段不太好的房子，导致K变得失望沮丧。我们先假设在这一阶段，K的思维是"必须在一开始就找到自己满意的好房子"。

把"必须找到好房子"反过来说，就是"绝对不能找不到好房子"。也就是说，如果"必须找到"实现不了，"绝对不能"就成为现实。所以，K会感到悲伤，进而演变成"沮丧"这一负面情绪。这种"必须式思维"是脱离现实的，也缺乏灵活性，属于绝对的恶性思维。

而在这种情况下，K完全可以作出有逻辑性的"良性思维"。这里所说的"良性思维"，是指"很希望如此，但也可能失望"的思维模式。

在本例中，"良性思维"就是"很希望一开始就能顺利找到自己满意的好房子，这样当然最好，但也可能找不到"。这才是符合逻辑且基于现实的思维。事实上，从概率上来说，在很大程度上确实存在找不到满意房子的可能性。

由此可见，只要秉着"良性思维"，对找不到好房子这种可能的结果提前做好心理准备，即使真的没找到好房子，也不会因难以忍受而轻易陷入巨大的沮丧。

当然，没找到好房子毕竟不是什么好事，K肯定不会感到满意，但只要秉着"良性思维"，就不会陷入巨大的沮丧，也不会轻易降低评价标准，而是能够保持热情，顽强地继续寻找能令自己满意的房子。

可以说，"很希望如此，但也可能失望"的思维，是基于现实的、灵活的辩证性思维。

还有，K当时担心"今后再也找不到好房子了"。这也是一种"恶性思维"。所谓"恶性思维"，是指一味地作出悲观预测的思维。可以说，"必须式思维"就是一种"恶性思维"。

K当时的思维，是基于过度普遍化的悲观绝望的思维。也就是说，他只根据几所房子的有限经验，就觉得今后肯定再也找不到好房子了。

其实在这个时候，K完全可以作出"良性思维"，即"目前还没找到满意的房子，但今后未必找不到"。这才是符合逻辑且基于现实的思维。如此一来，就能避免毫无必要地降低对房子的评价标准了。

通过良性思维保持平常心

K陷入沮丧和不安，结果降低了对房子的评价标准，房地产公司的销售员就会斟酌情况，为K介绍一些条件稍好的房子。此时，K如果秉着"良性思维"，就能保持平常心，即使后来介绍的房子条件稍好，也会继续对照原先的标准，冷静地作出评价。

如此一来，即使对方诱骗说"很多人都来询价呢"，K也会有所怀疑，至少也能保持警惕。

还有，销售员装作"有客户打电话订房子"，想想实在太巧了吧。退一步说，即使K相信了销售员的做戏，但按照当初的标准，眼前的房子根本没什么吸引力，就算错过了，也不会受到很大的精神打击。

最后，销售员说："我把这么好的房子介绍给你，难道你要践踏我的诚意吗？"以此让K产生负罪感。K左思右想，还是同意签合同了。然而，K当时如果能够镇定下来，就会作出冷静的评价，意识到"销售员介绍房子不是理所应当的工作嘛"。

下面再来分析所谓的负罪感。K当时仍然作出了"恶性思维"，认为"不能践踏对方的诚意，否则自己就是坏人"。当然，能够回应对方的诚意是再好不过的事，但只是"很希望"能这样做，却毫无理由"必须这样做"。

只要当时能像这样保持"良性思维"，K就能保持平常心，也就不会被销售员的伎俩蒙骗了。

"必须式思维"与"随便式思维"

K的例子暂且略过不提，下面再来分析一下阻碍谈判成功的、自取灭亡式的"恶性思维"。

首先来看"这次谈判必须成功"的"必须式思维"。乍一看好像很勇敢，听起来也很积极，但这种思维其实是一种脱离现实的"恶性思维"，很有可能给谈判的顺利进展造成极大的阻碍。

在这种绝对命令式的要求之下，如果"必须成功"的谈判实际上失败了，该怎么办？一旦出现这样的事态，就相当于绝对不应发生的情况发生了，这种巨大的矛盾会引发心理上的强烈困惑和纠结。

希望各位读者不要把这一悖论当作简单的修辞手法一笑置之。"绝对不应发生的事情发生了，或者有可能发生"的情况，当然是最坏的结果，也是令人难以接受的悲剧。况且，当发生这种"最坏的结果，也是令人难以接受的悲剧"时，转嫁责任的动机就会开始起作用。而且，这种"绝对不应发生的事情"会引发巨大的沮丧、负罪感、愤怒等有害的负面情绪。

"这次谈判必须成功"的思维，的确有可能促使当事人为了谈判成功而拼命努力。可是正如前文所述，这是一种"恶性思维"，只要一步踏错，就有可能造成情绪的严重混乱。

而且，既然坚信"这次谈判必须成功"，那么只要一步踏错，就可能掉进十八层地狱。

因此对于谈判代表来说，谈判就成了巨大的压力，会感到深深的不安，享受谈判过程首先就是不可能的了。人在承受过大压力的状态下，是做不好工作的。即使拼命努力，也会因不安和压力而变得思维僵硬，情绪也容易变得不稳定，行动也会短路，即使拼命努力，效率也不会很高。

那么在面对谈判时，应该秉着怎样的基本思维呢？顺其自然地认为"谈判只不过是一场游戏，心态放轻松就好，把结果交给时运吧"，就行了吗？

很遗憾，这种思维只能称为目光短浅。这是把完美主义的"必须式思维"翻向了另一种极端，变成了不负责任的"随便式思维"。

选择了"随便式思维"，就算谈判失败，也能在一定程度上减轻心理创伤。然而，"随便式思维"有可能催生懈怠的心理，使当事人不会为了谈判成功而作出充分的准备和努力。为了减轻失败时的心理创伤而降低成功的概率，结果必然是得不偿失。

希望式思维

我建议大家选择"希望式思维"，不要选择"必须式思维"和"随便式思维"。

具体来说，就是请抱着"很希望这次谈判成功，但也可能失望"的想法。这是一种辩证的、愿望性质的、符合逻辑的、更加现实的"良性思维"。

抱着"很希望谈判成功"的想法，自然就会为了实现希望的状况而付出应有的准备和努力。不仅如此，就算谈判失败，也不会想当然地认为是"令人难以接受的最坏悲剧"。因为当事人已经有了心理准备，知道谈判失败尽管是绝不希望发生的状况，但在现实中是完全有可能发生的。

也就是说，并不是发生了"绝对不应发生的事"，而是"当然不希望发生，但发生也是很正常的"，所以更容易接受谈判失败的现实。从结果来说，这能在很大程度上确保不会引发严重的情绪混乱。

把谈判的失败当作可能发生的现实，就能避免"最坏的悲剧"，不会过度悲观绝望，也不会感到"无论如何都无法接受"，还能在很大程度上降低强烈的绝望感、负罪感、愤怒等情绪产生的概率。

6.4 有益的负面情绪

下面来分析一下，抱着"很希望如此，但也可能失望"的想法时，会有着怎样的情绪。正如前文所述，采取"很希望如此，但也可能失望"的思维模式，易于抑制沮丧、负罪感、愤怒等有害的负面情绪的产生。

但即使秉着"良性思维"，谈判失败也无论如何不能令人满意。很少有人刚在重要的谈判中遭受挫折，就能立刻觉得"这是多么宝贵的经验啊，我太幸运了"。

不过，可以通过"良性思维"来选择有益的负面情绪。没错，就是有益的负面情绪，具体有"悲伤""担心""呵责""不愉快"等。为什么说它们是有益的负面情绪呢？因为这些情绪易于促成改善状况的积极行动。

前文所说的"沮丧""不安""负罪感""愤怒"等有害的负面情绪，易于造成致使事态恶化的消极行动。"沮丧"会造成"放弃","不安"会造成"逃避","负罪感"会造成"自我否定","愤怒"会造成"攻击"。

相反,有益的负面情绪会促成积极行动,例如"悲伤"会促成"分享","担心"会促成"准备","呵责"会促成"反省","不愉快"会促成"谈判"。

6.5　符合逻辑且基于现实的"良性思维"

相对来看,比起绝对命令式的"必须式思维",辩证愿望式的"希望式思维"更符合逻辑,更基于现实。

首先,"必须式思维"在逻辑上存在很大的跳跃性。当然,谈判成功会带来巨大的利益,反之,谈判失败也会造成很多损失。然而,这些不过是"很希望谈判成功"这一主张的论据罢了,并不能成为"必须让谈判成功"的论据。归根结底,谈判成功只是"希望"而已。

因此可以说,"必须让谈判成功"这一想法本身就存在很大的跳跃性,缺少论据的支持。相对来说,"很希望谈判成功"的想法无疑更符合逻辑。

其次,"必须让谈判成功"的想法是脱离现实的。无论自己如何追求谈判成功,实际上都存在进展不顺甚至决裂的可能性。只要谈判就一定能成功的人毕竟十分罕见。

因此，要求谈判必须成功是无视现实的。从辩证的角度来说，作为愿望的"很希望谈判成功，但也可能失望"的思维，才是真正基于现实的。

作为辩证愿望的"良性思维"，是符合逻辑的、基于现实的思维。通过良性思维，能够提高保持平常心的概率。

6.6 积累"不愤怒、不畏惧、不沮丧"的练习

为了在高压的谈判场合保持平常心，可以利用心理剧进行彩排，若能兼用"良性思维"效果更佳。

所谓心理剧，是指逼真度近似于正式表演的角色扮演。比如说，可以把同队成员分成敌我两方，进行如同真实谈判般的练习比赛。

此时，对方会接二连三地使用"无德谈判战术"，并不断采取极端的威逼态度，给谈判代表施加巨大的压力。

你说什么？这个提案简直不可理喻！赶快重新拟定！

我们对贵公司的提案毫无兴趣！请回吧！

你究竟在想什么呢！有没有好点儿的提案！

错了！贵公司完全不了解我们的实际情况！

扮演对手的人会不断挑衅，反复说出威逼性的言论。谈判代表必须时刻注意冷静应对，不能被压力影响，否则就容易掉进对方的圈套，作出感情用事的反抗。

此外，也不能在对方的威逼态度面前畏畏缩缩。所以要事先进行充分的练习，无论对方采取何等蛮不讲理的高压姿态，都能不愤怒、不畏惧、不沮丧地冷静应对。

关键在于，不能秉着"对方必须友好，不能采取高压姿态"的"恶性思维"，要努力作出"对方如果友好，自然再好不过，但也可能不友好"的"良性思维"。

6.7　采取低姿态，不无谓地刺激对方的竞争心和防卫本能

保持低姿态是一种重要的、基本的谈判态度。换句话说，就是不要趾高气扬，不要以为全面展现出自己的威严来威吓对方，迫使对方作出让步，就很潇洒、很勇敢。谦逊谨慎才是应该采取的态度。

保持低姿态并不是单纯的理想主义观点，而是具有实际效用的，能够避免刺激对方的竞争心和防卫本能。如果你以"我

是谈判高手，对本次谈判的认识没有任何人比得过我"的傲慢态度面对谈判，也许能让对方像见到水户黄门亮出印盒的恶代官一样跪地拜倒①，但这种可能性毕竟很小，多数情况下反而会激起对方的反抗心理："好啊，那就亮亮你的实力，看看谁更强！"所以说，完全没必要无谓地挑起谈判对手的敌对心理和斗争本能。

请以朴实、谨慎、诚恳的态度面对谈判吧。如果非要在举止中刻意表现出什么，也不应该是高傲，而应该是笨拙。

有不明白的地方，就应该保持低姿态，说"我对这里的说明不太理解，能详细说一说吗""也就是说，这件事可以这样理解"，如此一来，就很有可能引来对方的协助。请做到"真人不露相"吧。

希望大家想想《神探科伦坡》里的科伦坡探长。他乍一看上去很不可靠，按照世人的眼光也称不上帅气，反倒给人有些迟钝的印象，好像傻乎乎的。可就是这样的人物，却能坚持不懈地找出罪犯。

他会向罪犯提出简单的疑问，罪犯就会觉得"这个刑警真蠢"，于是通过"敏锐的推理"回答科伦坡的疑问。在这个过

---

① 德川光国，德川家康的后代，因其常居住在水户地区，官职又近似于中国唐代的"黄门监"（宰相之一），故被尊称为"水户黄门"。在日本历史上有过较大影响，是日本著名的历史人物。恶代官，地方上的恶霸官员。——编者

程中，科伦坡会进一步向罪犯提出疑问，最终变成罪犯搬起石头砸自己的脚。可以说，科伦坡正是典型的"真人不露相"。从谈判姿态的角度来说，在他身上能学到很多东西。

在谈判中采取低姿态，目的绝不是像科伦坡一样逼得对方走投无路，而是为了避免无谓地刺激谈判对手的竞争心和防卫本能，同时还有可能促成对方提供协助。低姿态绝不是卑躬屈膝，而是促使谈判顺利进行的有效技巧。

不过，保持低姿态并不容易做到。因为真正到了谈判的时候，往往无论如何都不想让对方驳倒，结果就会产生不必要的敌意。

一旦陷入"不能让对方找到丝毫破绽""绝对不能让对方瞧不起""必须当场瞬间理解对方所说的话"等"必须式思维"，就很容易进入怀有敌意的谈判模式，结果很难保持提高双方满意度的姿态。

前文已经说过，克服"必须式思维"的有效手段是"希望式思维"。

不要想着"绝对不能让对方驳倒"，应该想"最好不被对方驳倒，但被驳倒也是有可能的"。这样一来，就能把要求完美的"必须式思维"转换成辩证的、愿望式的"希望式思维"，心态得到放松，思维也能变得灵活。

不要想着"不能让对方找到丝毫破绽"，应该想"最好不让对方找到破绽，但被找到也是有可能的"。

不要想着"必须当场瞬间理解对方所说的话"，应该想"最好能当场瞬间理解对方的话，但也有可能做不到"。

总　结

什么是"坚韧的谈判代表"

不是绝不让步的顽固的谈判代表

而是在任何情况下都会坚持摸索能够提高双方满意度的提案的谈判代表

谈判者需要具备的精神素质

① 灵活性

② 反应力

③ 强韧性

④ 恢复力

⑤ 持续力

坚韧的谈判代表的条件

　　需要保持平常心→因此需要秉着"良性思维"

"良性思维"与"恶性思维"

　　① 良性思维的例子

　　　　符合逻辑的、相对的、基于现实的"希望式思维"

　　　　"很希望，但也可能失望"

　　② 恶性思维的例子

　　　　不合逻辑的、绝对的、脱离现实的"必须式思维"

　　　　不负责任的"随便式思维"

良性思维能引发有益的负面情绪，恶性思维会引发有害的负面情绪

　　· 有益的负面情绪："悲伤""担心""呵责""不愉快"

　　· 有害的负面情绪："沮丧""不安""负罪感""愤怒"

有益的负面情绪能促成积极行动，有害的负面情绪会引起消极行动

- "悲伤"→"分享"；"担心"→"准备"；"呵责"→"反省"；"不愉快"→"谈判"

- "沮丧"→"放弃"；"不安"→"逃避"；"负罪感"→"自我否定"；"愤怒"→"攻击"

在谈判中保持低姿态很重要

不无谓地刺激谈判对手的竞争心和防卫本能

第 7 章

无德谈判战术的应对

前文已经说过，对于长期交易而言，唯一可持续的谈判姿态是"以提高双方满意度为目标"。但在很多时候，尽管己方怀着这样的双赢打算，对方却很可能并不这样想。

说不定就有人觉得"只有把对方玩弄于股掌之间，使其作出对己方有利的单方面让步，才是坚韧的谈判代表的实力体现"，误把谈判当成零和博弈①。

因此，在面对这种抱着错误想法的谈判代表时，我们必须牢牢掌握自我保护的技巧。为此，大家应该了解常见的、有代表性的"无德谈判战术"，并确认基本的应对方法。

关于应对无德谈判战术的详细对策，请参考拙著《实践与谈判理论》（NHK出版）。

---

① 指参与博弈的双方，此一方得利则彼一方受损，各方得失相抵，总和为"零"，而不是共同获益。——编者

7.1 案例① 对方提出"不能再降价了"

在某商社任职第二年的佐藤，出于工作和私人使用的双重目的，决定购买笔记本电脑及周边配套设备和基础软件。他听说"超级笔记本"这种机型很好，就在某个星期天下午，去好几家电脑店做了调查，然后跟标价最低的店进行了谈判。佐藤希望能以低于标价的价格购入电脑，但由于该机型很畅销，店员很为难地表示不能再降价了。

佐藤应该如何应对？

【对方的战术内容】

·一开始就说出固定价格，强硬地要求对方作出决定

·这种战术能避免跟毫无诚意的顾客进行徒劳的谈判，但也会从一开始就使谈判成为不惜决裂的自杀式炸弹

【基本应对】

·扩大谈判项目，就价格以外的其他项目进行谈判

【具体对策】

·通过暗示谈判决裂，验证卖方对固定价格的坚持程度

·尽量扩大谈判项目。例如，可以要求赠送内存、周边设备、软件等商品，增加价格以外的谈判项目，通过多个项目达成一揽子交易

·提前做好充分的准备，收集类似商品的信息——例如该商品在其他店里标价多少，能降价多少——以此提高谈判力

7.2 案例② 对方提出"半价","半价不行的话，七折也行"

平野是某世界知名的管理咨询公司的经理。他最近向正在开发的客户——"重厚长大"银行——提交了一份咨询提案书。银行方面派出执行董事大手町和丸之内二人，邀请平野就该提案书进行商讨。

会议刚一开始，大手町就气势汹汹地倾泻怒火，要求平野把提案书中的预算额（项目报价）减半。接着，丸之

内又装作劝解大手町的样子，提出："很喜欢提案书的内容，半价不行的话，打个七折怎么样？"

平野应该如何应对？

【对方的战术内容】

·同伙里一个唱白脸，一个唱红脸[①]，搅乱对手的心态

·利用没有人想跟不可一世、蛮不讲理的人谈判的心理

【基本应对】

·即使"红脸"的提案看起来不错，也不要忘记，"红脸"和"白脸"终究是同伙

【具体对策】

·首先要识破"白脸"和"红脸"的做戏

·对其战术的正当性提出质疑，让对方清楚其伎俩已被识破，做戏自然就会失去效果

·要对"红脸"的提案本身进行评价，而不要跟脱离现实

---

① 在传统戏曲中，常以白色脸谱表示反面角色，而以红色脸谱表示正面角色。"唱白脸"表示扮演令人厌烦的角色，"唱红脸"表示扮演讨人喜欢的、友善的角色。——编者

的、蛮不讲理的"白脸"的提案作比较

· 不要迫于压力而作出大幅让步

7.3　案例③　对方提出"需要继续完善"

　　杉原是大型石油公司环球石油的工业用燃料部门的营业职员。他以前跟草井化学做过其他商品的交易，这次与数家公司一同参与了草井化学公司钛氧化物事业部的长期燃料供应合同的投标。投标结束后，草井化学邀请杉原开会。

　　在会议上，草井化学的采购负责人田井表示，"贵公司的投标方案不错，但还需要继续完善"。需要完善的具体内容并不明确，但对方就是坚持要求继续完善。

杉原应该如何应对？

【对方的战术内容】

· 买方在投标后并不指出具体要求，而是通过"需要继续完善"这种含混的要求，迫使对方动摇

· 利用对方期待中标的心态和面对竞争对手的压力，即

"胡萝卜加大棒"战术

·过犹不及。很可能会引起对方的反感，在接受订单后作出反击，比如降低品质等

【基本应对】

·强调提案整体的优惠，明确对方的含混要求

【具体对策】

·具体把握对方含混的追加要求，也可以直截了当地询问

·找出自己与其他竞争公司的不同，在此基础上强调己方提案的优越性

·不要把一切统统视为价格问题，应该强调配送费、配送频率、支付条件等一揽子交易的整体优势

·需要让步时，要一点点地进行，千万不要从一开始就作出很大的让步

7.4　案例④　对方提出"其他公司如何如何"

福岛是管理研修培训机构的经营负责人。他最近向某跨国企业的新任人力开发部长藤林提交了一份提案书。藤

林正在计划一项以提高中层管理人员的问题解决能力为目标的新型研修。对他来说，这是一个全新的尝试。在仔细研究过几家公司的提案书之后，藤林基于自己构思的新式样，要求三家公司重新提交一份提案书。福岛是三家公司中最后一个跟藤林开会商讨提案的。

藤林要求福岛以低得不可思议的价格承接内容极多的研修服务。他还指出其他公司很有意向，给福岛施压。

福岛应该如何应对？

【对方的战术内容】

· 买方利用其他公司的信息，通过竞争压力降低价格的战术

· 这种战术往往被不熟悉业界或工作内容的新人使用

· 利用从其他公司得到的信息，给另一家公司施压

· 买方要仔细研究多家公司的提案，在此基础上制定新的式样，所以也很耗费时间和劳力

【基本应对】

· 把握买方的优先项目，对本公司的提案作出合理的说明

【具体对策】

· 要知道买方也在承担很大的压力

· 不要忘记，使用这种战术的买方一般都是该领域的外行

· 明确买方在谈判项目上的优先顺序。也就是亲切地告诉对方哪方面更重要

· 把买卖双方的竞争关系转化为解决对方问题的过程

· 通常，买方需要向自己的组织说明谈判的内容和协议的理由。为了使这一步更容易进行，可以主动地、有逻辑性地向对方解释己方的提案

7.5 案例⑤ 对方提出"这个当赠品吧"

西川是某大型会计事务所的经营负责人，如今正面临与某大型电子设备厂商签订大宗审计合同的最终阶段。在马上就要签字盖章的时候，对方的负责人二宫却开始提出各种追加要求，例如"能不能开办面向干部的、符合国际会计标准的研讨会""能不能对会计信息系统进行简单的评价""能不能为年轻干部的会计研修派遣讲师"等等。虽然没有明说，但暗示这些服务都是无偿附赠。

西川应该如何应对?

【对方的战术内容】

· 在快要达成协议之前或刚刚达成协议之后,买方提出"这个当赠品吧"的无偿追加要求

· 这是一种看穿卖方希望尽快结束谈判的心理战术

【基本应对】

· 面带笑容、毅然决然地拒绝

【具体对策】

· 首先要有强烈的成本意识,要知道"赠品多了也是一大笔钱"

· 不能觉得赠品是善意的表现,那样是给自己找借口,只会给自己没勇气拒绝的行为找正当化的理由罢了

· 要拿出勇气,面带笑容,郑重而毅然决然地拒绝

· 事先制定排除赠品的办法。例如,提前报上附带赠品的报价等

7.6 案例⑥ 对方提出"预算只有这些"

药袋是某工业设备厂商的经营负责人。最近，他向某大型生产公司做了一次关于引入大型设备的提案型演示。对方的采购负责人大豆生田很喜欢这次演示，在后来的会议上也对设备给予了好评，谈话向着成功合作的方向顺利发展。可是，到了马上就要签合同的时候，大豆生田却表示因为削减经费，这次项目的预算被削减了百分之十五，希望对方能够接受。

药袋应该如何应对？

【对方的战术内容】

·买方一面吹捧卖方，一面表示预算有限，希望卖方提供帮助，要求卖方作出妥协

·这种人情战术是利用卖方希望提供优质的产品和服务的自负心理，以及想要帮助身处困境中的人的善心

【基本应对】

·表示同情，但不要轻易让步。坚持冷静的姿态

【具体对策】

· 不要被买方的花言巧语迷惑

· 冷静应对，不要被同情心和善心轻易摆布。当然，应对时要表现出同情

· 通过暗示谈判决裂检验买方的真正预算界限。这一点也很重要

· 如果买方预算真的有限，就在相应范围内摸索最佳的协议方案

7.7 案例⑦ 对方提出"消息已经公布，请务必同意"

武田是某大型高新技术企业设计部门的科长。上司富冈部长要求他对主要产品的设计规格进行变更，而这种变更在技术上是很难实现的。富冈部长见武田面露难色，就说"我已经告诉执行董事能做到了，董事也已转告社长，所以你无论如何都要做到"。

武田应该如何应对？

【对方的战术内容】

·利用"消息已经公布"的既成事实，要求对方作出让步

·故意造成没有退路的局面，强迫对方设法协调，是一种犯规的压力战术

【基本应对】

·避免正面冲突，摸索替代方案

【具体对策】

·不要从一开始就忍气吞声地表示接受

·但要避免正面冲突，不要直接指责对方

·对对方的行为表示理解，但并不同意

·摸索保全对方颜面的替代方案，同时要求对方提供协助

7.8　案例⑧　对方打来电话，突然提出要求

本多是某大型综合化学品制造商的销售工程师。他正在专心制作面向公司内部的重要报告，一个大客户的厂长铃木突然打来电话，表示突然发生紧急事件，接连不断地提出很多难以完成的订单。

本多应该如何应对？

【对方的战术内容】

·无论打电话的人自己有没有意识到，这是一种利用先发制人优势（打电话的一方有充分准备，接电话的一方则措手不及）的谈判战术

·瞄准对方准备不足的弱点进行偷袭。即使打电话的人并未意识到，结果也是接电话的一方被打了个措手不及

【基本应对】

·在准备好之前不谈判。确认情况后重新打电话

【具体对策】

·首先要明白，打电话的一方占有优势，所以对接电话的一方来说，在电话里谈判是不合适的

·在准备好之前不谈判

·问清楚对方的要求，陈述适当的理由，挂断电话

·如果不可避免地必须在电话里谈判，应该先备好备忘录、计算器等用具，然后不急不忙地进行谈判

"威胁"是无德谈判战术的附属物

"威胁"尽管并不属于具体的谈判战术，却是其中常见的一种要素。"威胁"的种类有很多，如高姿态的直接威胁、低姿态的暗示威胁等等。下面分析一下本章介绍的"无德谈判战术"中的"威胁"。

案例①中的威胁，是从一开始就向对方下达最后通牒。既可能是高姿态，也可能是低姿态，而无论哪种，都属于确切无疑的威胁。

案例②中的威胁相对更明显。"白脸"的任务是尽量以高姿态威胁对方。需要注意，该战术还可以演变成一人分饰两角。例如，"别说降价了，我们上司还命令涨价呢，但我自己觉得，现在的行情下涨价是行不通的，我会设法说服上司，所以还请你们接受现行价格"。这里就是通过实际并不存在的上司来进行间接威胁。

案例③中的威胁可以说是暗示性的，很微妙，暗中发出了"不想中标了吗""不改善就会输给其他公司哦"等威胁信息。案例④也一样，归根结底就是暗示："不想中标了吗？"

案例⑤也含有"不想中标了吗？"的威胁。而且这一战术还含有"眼看就要成功签合同了，难道想要重新开始谈判吗？"的暗示威胁。

案例⑥的威胁是先把对方捧得高高在上，然后提出预算有限这一最后通牒，通过自曝弱点，把自己放在全面投降的位置上——"我们已经投降了，而且我们对你们充满好意，所以你们必须帮助我们。"可以说，这是一种给对方强加负罪感的威胁。

案例⑦含有"消息已经公布，事情已经决定。事到如今，难道你想成为把事情闹大的罪人吗？"的暗示威胁。

案例⑧则是通过在电话中指手画脚，表达了"事态很紧急，不要啰唆，赶快处理"的威胁信息。

归根结底，几乎所有无德谈判战术都含有威胁。可以说，威胁是谈判的有机组成部分，谈判战术通常都带有威胁性质。所以即使发现自己被人威胁，也没必要大惊小怪。而且既有这种战术上的、意义上的威胁，也有身体语言上的威胁，例如故意板着脸、移开视线、粗暴地乱扔文件、打呵欠、敲桌子、抖腿、不停摁圆珠笔、把笔夹在指间抖动、用笔敲文件等等。

通过"良性思维"应对威胁

没有威胁当然最好，即使有威胁，也不是难以忍受的屈辱，更不是最惨的悲剧。尽管这很令人遗憾，但也请把威胁当作无德谈判战术的一部分吧。这样一来，就能避免因受到威胁而出现心理的过度动摇，从而更冷静地应对。在受到威胁时，用来保持平常心的"良性思维"也是大有助益的。

不要秉着"我绝对不能被对方威胁"的"必须式思维"，应该想着"最好不被威胁，但很多时候，威胁是无德谈判战术的一部分。要冷静应对，不能因为受到威胁就自乱阵脚"。

只有在对方觉得受到威胁时，威胁才会生效。如果对方不觉得受到了威胁，威胁就毫无意义。因此，最好的办法就是通过"良性思维"将威胁化解于无形。

总　结

"无德谈判战术"的种类和基本应对

① 不能再降价了

增加价格以外的其他谈判项目

② "半价"（白脸），"半价不行的话，七折也行"（红脸）

要认识到，即使"红脸"的提案看起来不错，"白脸"和"红脸"终究是同伙

③ 需要继续完善

强调提案整体的优惠，把对方的含混要求明晰化

④ 其他公司如何如何

把握买方的优先项目，对己方的提案作出合理的说明

⑤ 这个当赠品吧

面带笑容、毅然决然地拒绝

⑥ 预算只有这些

表示同情，但不要轻易让步，坚持冷静的姿态

⑦ 消息已经公布，请务必同意

避免正面冲突，摸索替代方案

⑧ 突然打来电话提出要求

在准备好之前不谈判。确认情况后重新打电话

无德谈判战术必然含有"威胁"要素

通过"良性思维"应对

= "希望不被威胁,但也可能受到威胁"

第 8 章

谈判中的目标、让步、投资

- 谈判要设定"高目标"
- "让步"并非妥协，而是战术
- "投资"对谈判的影响
- 谈判应无视"沉没成本"

8.1 谈判要设定"高目标"

在谈判之前，应该事先确定自己想要达成的目标，例如"让房东明年继续维持现在的房租""把收购目标企业的价格压低在500亿日元以内""让公司同意每天的劳动时间缩短十分钟"，等等。否则，不仅会使谈判变得漫无目的，走到哪儿算哪儿，而且在结束时也无法对谈判作出评价。当然，不要从一开始就把谈判变成绝不让步的单一论点之争。最好设定多个目标，把谈判变成一揽子交易。

而且一般来说，目标定得高一些会更好，因为这样能为谈判代表提供动力，促使其付出更多的努力。而且，高目标比起低目标，即使作出一些让步，最后的收获也会更大。

不过，这里的"高"是指"相对较高"，而不是把目标定得越高越好，不然反而会起到相反的作用。

比方说，如果谈判代表觉得"这么高的目标不可能实现"，从一开始就会进入放弃模式，即使原本能够付出的努力可能也不会付出了。如此一来，就算谈判代表具备高水平的谈判技巧，也不太可能进行有效的谈判了。

而且，过高的目标可能会让对方怀疑己方的诚意，产生"他们真的打算好好谈判吗？"的疑问，甚至有可能提前拒绝谈判，觉得谈判只会"浪费时间"。另外，如果引起对方的反感，对方还可能提出极低的还价。如此一来，就无法期待通过谈判提高双方的满意度了。

有时候，极高的目标或许能成功地削弱对方的谈判气势，迫使对方降低期待值，最终作出极大的让步。但一般来说，这样的情况十分罕见。站在把谈判理解为"以提高双方满意度为目标的交流过程"的立场上考虑，这绝不能说是好的选择。

如上所述，要避免过高的、不懂行情的目标设定。好的谈判目标是既能让己方的谈判代表接受，又不过分违背对方行情观的目标。

谈判目标应该能让谈判代表在实际谈判中怀着"这个目标的确很高，但通过努力还是能够达成的，这就要考验谈判代表的实力了"的想法。

最好也能让谈判对手怀着"这个目标定得很高，但并没有脱离现实，看来这将是一场艰难的谈判"的想法。不过，自己毕竟不是对方肚子里的蛔虫，设定的目标未必一定能让对方这样想。所以归根结底，如何设定目标，还是要站在对方的立场来思考。

8.2 "让步"并非妥协，而是战术

无论多么能干的谈判代表，在毫无让步余地的谈判中也很难发挥实力。可以说，让步是谈判过程中的重要因素。

"让步"这一谈判行为，容易给人留下"因畏于不利形势而做出的消极行为"的印象。然而，让步本身并不一定就是消极的、怯懦的行为。归根结底，让步是谈判中的一种战术，关键在于谈判代表以怎样的姿态行使这一战术。不要忘记，谈判是以提高双方满意度为目标的交流过程。

下面通过具体案例来分析如何灵活利用让步战术。

某人前往世界著名的东京电器街购买电脑及周边设备。他以畅销的"VAIO笔记本电脑"为目标，看了好几家店，最后来到了标价最低的电器店，迅速跟卖家展开了谈判。

买家："这种最新型号的VAIO笔记本电脑，最多能打几折？"

卖家："这种畅销型号只能按标价卖，已经打了很低的折扣了。"

卖家的态度很强硬。这就是畅销商品的优势。不过，买家也不会轻易放弃。

买家："的确很畅销，但我是特地从很远的地方赶过来的，能不能照顾一下？"

卖家（面露难色地敲着计算器）："不好打折啊，最多只能免税①。"

买家："太感谢了，能打九五折也好，尽管我本来以为价格能再低一些的。"

下面来分析一下谈判至此的让步。

乍一看去，是不得不免税的卖家作出了让步。在竞争激烈的电脑零售行业，可不能轻易放走买家。

或许可以说，免税已经是大出血了。然而通过让步，卖家最终留住了买家。可以说，这一让步是积极的战术行为。从卖家的角度来说，打完折应该还是有赚头的。因此，这一战术性的让步绝不是消极行为。

而从买家的角度来说，其实也作出了让步。可以说，接受免税折扣的行为就是让步。

一般说到让步，很容易令人以为是从显性立场后退的行为。然而，降低隐性期望值同样也是让步。从这个意义上来说，买家接受免税折扣的行为就是让步。

---

① 日本商店所谓的"免税"是给购物者免去消费税，为消费金额的5%（后调整为8%），所以以下文中买家将其理解为打九五折。——编者

那么，买家的让步是消极行为吗？换句话说，买家的让步是对卖家"这是畅销商品，所以打折有限"这一压力的屈服行为吗？

不，应该不是的。请考虑一下买家通过让步已经得到或能够得到的好处。通过接受免税折扣，买家避免了无益的价格谈判。也就是说，买家节省了时间和劳力。而且买家还计划购买其他设备，所以这次让步对于接下来的谈判也是有帮助的。

由此可见，这个让步绝非单纯的消极行为。所谓让步，其实是使自己获利的一种策略。

摸索并一点点让步，诱使对方也作出让步

可以说，谈判是通过让步组合来解决问题的过程。

双方在所有争论点上均毫无让步余地，这种情况可能存在吗？尽管不能说绝对不存在，但无疑是非常罕见的。即使存在，恐怕也只是自己的臆想罢了。

退一万步说，即使有那么一瞬间真的存在这种状况，随着时间的流逝，谈判环境也会改变。也就是说，谈判环境是"诸行无常"的，不可能永远不变。

因此，即使在貌似不可能让步、谈判必然决裂的充满压力的状况下，谈判代表也必须坚持不放弃，摸索能与双方目标之

函数曲线保持一致的让步组合。

此外，在作出让步时，应该尽量一点点地进行，这样有助于控制对方的期待度。换句话说，如果己方一次性作出很大的让步，对方会怎样想？会充满感激吗？

很遗憾，对方极有可能得寸进尺，觉得"如果借机提出更多的要求，对方大概还能作出更多的让步"。

另外，虽说谈判是让步的组合，但这绝不是提倡一味地让步到底，而是指应该利用让步使谈判朝着提高双方满意度的方向发展。因此，一旦己方作出让步，就该要求对方也作出让步。这一点至关重要。

让步是谈判中的宝贵"弹药"，使用时要有针对性，倍加珍惜。

8.3 "投资"对谈判的影响

双方在谈判过程中的"投资"，是左右谈判进程的重要因素。这里所说的投资，与其说是金钱，不如说是谈判代表及组织已经在谈判中投入的时间、劳力、心理斗争和精力。不理解这些投资造成的心理冲击，就容易作出无端的让步。下面来分析一下，如何正确地理解"投资"。

比方说，A想买一台家用冰箱。这是一件很简单的事，但作为买家的A要想跟卖家最终达成一致的意向，也要付出巨大的投资。

A正在使用的电冰箱有些故障，经常"罢工"，导致冷冻食品和冰淇淋融化，牛奶也会坏掉。收拾这些食品所耗费的劳力，以及必须购买新冰箱的麻烦过程，都是不小的负担。

冰箱是必需品，而且价格不菲，A只能无奈地占用宝贵的假期，看了好几家超市和电器店。相似型号很多，A还得付出精力去了解每种产品的特点，而且有的店员态度恶劣，严重地影响了A的心情。

终于，A确定了中意的机型，把目光瞄准了一家售价最低的量贩店。此时距离开始购物已经过了四个小时，A早已筋疲力尽，连讨价还价的力气也没有了，只能匆匆买完了事。

从上述过程可以看出，在最终决定购买之前，A付出了相当大的投资。

大型家电厂商购买生产线使用的机床，材料厂商收购工厂以进入相关市场，向并无出售兴趣的土地所有者提出购地申请……情况越复杂，需要的投资就越大。

谁都不希望自己在谈判中付出的投资打水漂。因此，可以将这种心理灵活转化为谈判力，诱使对方作出让步。

例如，假设双方谈判代表的课题从一开始就存在很大的分歧，在这种情况下，最好从存在分歧的课题以外的争论点入手。也就是说，双方应该徐徐增加在谈判中的投资。投资增加，意味着谈判决裂时的损失增加。

而且在谈判过程中增加投资，还有助于进一步了解对方，或许还能使彼此产生信任。这样，也便于灵活应对存在巨大分歧的争论点。

不过，这种战术只适用于一开始就存在巨大分歧的谈判，即争论点集中的谈判。

以前面提到的买冰箱为例：买家希望打折，卖家表示"只能按原价卖"。此时可以把价格问题延后，先谈其他问题。例如，不用立刻配送能否打折？能否减免安装费？能否延长保修期？诸如此类。在针对各种问题进行谈判的过程中，互相了解对方的底线，或许就能达成某种一致，比如摆在店里的样品可以打折。

谈判的根本在于避免单一争论点，摸索多个争论点，即以达成一揽子交易为目标，从而提高双方的满意度。

8.4　谈判应无视"沉没成本"

不仅限于对方，己方也同样存在不希望已经投入的劳力白白浪费的强烈动机，因此一不留神就容易作出不必要的巨大让步。

谈判中的"投资"，可以理解为企业财务理论中的"沉没成本（sunk cost）"概念。顾名思义，"沉没成本"是指在投资中已经投入的资金。

在企业财务理论中，决定是否追加投资，是不会考虑"沉没成本"的。

比方说，对某项业务已经投资了10亿日元，而且现在尚未回本。按照企业财务理论的要求，在考虑是否追加投资时，应该彻底忘记已经投入的10亿日元。也就是说，决定是否追加投资，标准完全在于追加投资能使该业务产生多少利益。

"已经投入了10亿日元，怎能就此放弃"的想法，从心情上可以理解，但如果投入再多的资金也看不到获利的前景，继续投资只会加重将来的损失。

谈判也要求具备与企业财务理论同样的思路。不要为了避免在谈判中投入的时间、劳力、心理斗争、精力白白浪费，就无论如何非要达成协议。也就是说，达成协议不应成为实际上是陷阱的目标。

举个例子：近期很流行的M&A（企业并购），就是股份的买方与卖方之间进行的一种谈判。M&A中有一个著名案例，在该案例中，达成协议——收购本身——就成了目标"陷阱"。

1988年，普利司通公司收购了美国的凡士通公司。起初，普利司通公司与凡士通公司谈判的目标是合资联营，但在谈判过程中，意大利的倍耐力公司向凡士通公司提出TOB[①]的要求。为了与倍耐力对抗，普利司通公司才把战略从合资改为收购。

跟倍耐力公司竞争的结果是，普利司通公司的收购费用越来越高，最终高达26亿美元，是最初预计的三倍。领导层认为，为了在全球范围的竞争中确保生存，收购凡士通公司是势在必行的。然而，无论如何不能否认，这次收购本身成了目标"陷阱"。

一旦达成协议成为目标"陷阱"，往往就会作出不必要的让步，结果，谈判虽然成功，协议内容却连BATNA（最佳替代方案）都不如。

---

① 即takeover bid，要约收购，公开收购目标公司的股权，以控制该公司。——编者

总　结

谈判要设定"高目标"

既能让己方的谈判代表接受，又不会过分违背对方的行情观

"让步"是谈判中的一种战术

通过让步，可以提高双方的满意度

毫无让步余地的谈判是不存在的

坚持不放弃，摸索能够提高双方满意度的让步

第 9 章

谈判中的问答方法

- 谈判就是连续的问答
- 谈判中的提问分为"基础信息收集型"和"问题发现型"
- 最后通过"详情发现型提问"展开攻势
- 回答难题的方法

如何灵活利用让步

- 一点一点地让步，控制对方的期望值
- 根据己方的让步，使对方也作出让步

左右谈判的"投资"的影响

- "投资"＝已经在谈判中投入的时间、劳力、心理斗争、精力
- 因为不希望此前的投资白白浪费，人就会作出让步

通过故意增加投资，有可能诱使对方作出让步

但只适用于双方谈判代表的课题从一开始就存在巨大分歧的情况

谈判应无视"沉没成本"

不要让达成协议成为谈判的目标"陷阱"

9.1 谈判就是连续的问答

谈判是由一系列的提问和回答构成的。那么，提问的目的是什么呢？当然可以说是为了获得信息，但同时，通过提问也能向对方提供己方的信息。

对于谈判代表而言，灵活利用提问是必须掌握的技巧。下面我们先确认提问的种类，然后再考虑如何灵活利用提问。

根据目标信息的内容和提问的范围，提问可以大概分为四种：

① "Yes" or "No" 型提问

② 限定性事实确认型提问

③ 限定性说明型提问

④ 广角型提问

下面对这四种提问进行分别说明。

①"Yes" or "No" 型提问

这种提问的目的是确认具体事件的事实情况，其回答不是

"Yes"就是"No"。

"合并基数的本期净利润是黑字^①吗？"

"第二个项目有让步的余地吗？"

"订单商品按时送达了吗？"

"本期净营收金额增加了吗？"

"你的要求是工资涨百分之五吗？"

"S社有汇款过来吗？"

②限定性事实确认型提问

跟"'Yes'or'No'型提问"一样，这种提问的目的是确认具体事件的事实情况，但回答却并不是"Yes"或"No"，而是数值等具体的内容。

"合并基数的本期净利润是多少？"

"你有几个要求？"

"订单商品是什么时间送达的？"

"本期净营收金额增加了多少？"

---

① 与赤字相对，指净利润大于零。——编者

"第三个项目有多少让步的余地？"

"本公司产品的竞争力降低到了什么程度？"

"S社的汇款有多少？"

③限定性说明型提问

这种提问针对限定性的具体事件，但目标信息并不是事实或数据，而是理由、见解等说明型信息，可以说是要求对方思考的提问。当然，在回答中加入事实或数据能够增强说服力。

"合并基数的本期净利润为什么是黑字？"

"订单商品为什么没能按时送达？"

"第四个项目为什么没有让步的余地？"

"本期净营收金额为什么增加了？"

"S社为什么汇款迟了？"

请注意，"限定性说明型提问"中也存在类似"'Yes'or 'No'型提问"的结构。例如，针对"本公司产品有竞争力吗"的提问，回答就是"Yes"或"No"。不过，这个提问的目的却并不只是为了确认事实。

要想回答"本公司产品有竞争力吗"这个提问，需要作出相当深入的分析。因此，除了回答"Yes"或"No"，还需要提供有说服力的论据。

"社长应该引咎辞职吗""本公司应该转为法人营业吗"等提问，乍一看也是"'Yes'or'No'型提问"，但因为必须提供论据，所以是"限定性说明型提问"。

针对"本公司产品有竞争力吗"的提问，只回答"是的，有竞争力"可谓毫无意义。要知道这是"限定性说明型提问"，回答必须提供确切的论据，例如"是的，有竞争力，因为……"。

有些人就是爱以"'Yes'or'No'型提问"的形式提出"限定性说明型提问"，需要多加注意。

④广角型提问

这种提问并不限定于某个主题的特定方面，而是广泛地征求对方的意见。其目标信息是意见、见解等，但最好能在说明中加入事例、数据等内容。

"本期业绩评价如何？"
"请说明今后的行业前景。"
"请说明下一期的目标。"
"你对今后的前景趋势怎么看？"

貌似提问，实是反驳

有时候表面上是提问，实则是提问形式的反驳，例如常见的国会答辩等。

通常，提问者会先洋洋洒洒地陈述自己的感想或反对意见，最后以"你觉得呢？""你认为如何？"等疑问形式收尾。因为是疑问形式，所以确实是在征求意见，但严格来说，这并不只是单纯的提问，更是提问者的主张。

比方说，在辩论等场合的反诘环节，这种"提问"是被视为违反规则的。归根结底，这些"提问"应被理解为意见或反驳。

因此在回答时，可以通过"一部分确实如您所言""您的指摘很有借鉴意义"等形式，对意见或主张加以确认。

9.2　谈判中的提问分为"基础信息收集型"和"问题发现型"

提问的目的是获得信息。提问主要分为四种，但按照更粗略的划分，其实可以分为两种，一种是寻求事实或数据的"基础信息收集型提问"，另一种是探询对方的问题意识和关注点的"问题发现型提问"。在谈判中，对方的关注点是尤其应该得到的信息。只要知道了对方的关注点，就能通过解决相应的问题来提高对方的满意度。

顾名思义，"基础信息收集型提问"的目的是获得客观的事实或数据。在谈判的初期，这种提问有助于了解对方的状况。其形式采用前文提到的"'Yes'or'No'型提问"或"限定性事实确认型提问"。

"贵公司是上市企业吗？"

"贵公司的营业总额是多少？"

"是什么时候公开发行股票的？"

"主要在哪些领域开展业务？"

合适的"基础信息收集型提问"会给对方留下"他们希望了解我们的状况"的好印象。不过，如果提问过于频繁，会让对方觉得是在浪费时间，结果就会适得其反。

若是不费力就能得到的一般信息，应该事先通过调查获取，而不是直接询问谈判代表。新入行的谈判代表往往过多地进行"基础信息收集型提问"，需要格外注意。

不过，若是确认对方主张或言论的"基础信息收集型提问"，即使频繁发问也没关系。因为这是在听取对方发言的基础上，为了确认而作出的提问。例如，对方表达了"本公司进入面向个人用户的市场时间不长"的意见，此时就可以通过"是吗？有多久了？"的提问加以确认，从而得到更具体的信息。

另一方面，"问题发现型提问"是直截了当地针对对方的问题意识。这种提问的目的是发掘对方对当前自身状况的不满或问题，其形式采用"限定性说明型提问"或"广角型提问"。

"现在的软件存在什么问题？"

"贵公司在组织上的难题是什么？"

"对当前的质量管理体系满意吗？"

"目前，对工厂的高效运营来说，什么是必要的？"

谈判是提高双方满意度的过程。也就是说，在对方的问题得以解决并得到好处的过程中，己方的问题也能得以解决并得到好处。因此，在谈判中必须发掘对方的关注点或面临的问题。

例如，部下向上司提议"电脑需要安装新的OS（操作系统）"，如果上司一口回绝说"OS的升级需要花钱，不行"，那这件事就到此为止了。

可是，如果上司提出"问题发现型"的提问："现在的OS哪里不合适了？"结果会怎么样呢？部下会回答说，"OS太老了，跟客户的数据交换都得手动操作，为此就得雇用大量的派遣员工"，问题就清楚了。

通过升级OS就能削减成本，这对于上司来说也是很有好处的。如此一来，部下能够开展工作，上司也能削减成本，这次谈判就成了提高双方满意度的良性谈判。

9.3 最后通过"详情发现型提问"展开攻势

无论"基础信息收集型提问"还是"问题发现型提问"，想要收集的信息都是对方已经有所认知的。

为了发现现阶段尚无清楚认知的问题而进行的提问，则是"详情发现型提问"。这种提问的目的是发掘对方尚无明确意识的潜在问题或可能得到的好处。

"如果营业员按照现在的速度离职，结果会怎样？"
"设备的老化会对产品的品质造成多大影响？"
"每天生产五箱次品，一年会有多少损失？"
"如果对代理商的不满置之不理，最后会发展成怎样的问题？"

　　在谈判中，对方的满意度越高，诱使对方作出让步的可能性就越大，而为了提高对方的满意度，解决的问题自然越大越好。

　　"详情发现型提问"能让对方意识到自身潜在问题的严重性，所以是很有价值的。

　　若想推销昂贵的设备或高收费的咨询项目，让对方意识到自身潜在问题的严重性是很重要的。因为如果只为了消除表面问题，设备或咨询项目的引入就过于昂贵，并不划算，对方的满意度不会得到提升，谈判自然难有进展。而通过添加"还能解决潜在问题"这一附加价值，就能提高对方的满意度，促使谈判走向成功。

　　因此，越是大型事件，灵活运用"详情发现型提问"的技巧就越重要。

9.4　回答难题的方法

　　可以说，谈判就是一系列的提问和回答。己方会向对方提出大量问题，对方也会向己方提出大量问题。下面就来思考一下，如何应对对方提出的难题。

　　难以回答的问题有如下三种：

① 隐晦的提问

② 关于负面因素的提问

③ 回答不了的提问

下面分析一下这些难题的本质及其对策。

①隐晦的提问

所谓"隐晦的提问",是指不知道究竟想问什么的提问——主语和谓语不明确,使用"而"等含义模糊的连接词,问题内容拖沓冗长。这种提问多以"你对这一点怎么看"等"广角型提问"的形式收尾。

另外,这种提问常见于提问者抱有疑问,但想法还没能落实到具体提问事项上的情况。也就是说,提问者是一边思考(或者不思考)一边提问的。

举个例子,比如"您所说的情况我们能理解,但事实上,本公司需求低迷,财务机制也不健全,不过,努力还是很重要的,而事实上,我们能做的也都在做……"这种冗长的提问。

【对策】重新确认提问的内容

这样的提问应该如何应对呢？一种对策是通过仔细询问，获知提问者的意图，在对方重新提问的时候，将其变成含义更明确的设问。例如，可以郑重地打断对方的冗长问题，以"也就是说，您想询问的是，在考虑到贵公司的特殊情况的前提下，我方能作出怎样的应对，对吧？"的形式加以确认。

不过说起来简单，做起来其实并不容易，因为对方的问题本身就很难理解。所以，不妨偶尔把球扔回给对方。

可以郑重地对提问者说"不好意思，能不能再说一遍"，从而让对方重新提问。尽管第一次的提问含义很不明确，但提问者既然已经把自己的想法表达了一遍，第二次往往就能提出更具体的问题了。而且，还能设法让对方更明确地表达某部分观点，或者作出明确的定义。

总而言之，面对隐晦的提问，试图直接回答是很不明智的。

②关于负面因素的提问

"生产成本为什么增大了""赤字会持续多久""市场占有率为何严重下降"等关于负面因素的提问，是把焦点聚集在否定部分的提问。

这种提问多为"限定性说明型提问"，目的是寻求针对具体事件的理由或见解，所以直接回答就相当于承认事实。比方说，针对"销售员为什么存在士气低迷的倾向"这一提问陈述理由时，就相当于已经承认士气低迷是事实。因此面对这样的提问，首先需要确认提问者的前提是否属实。如果提问者对事实的认识有误，就要在考虑提问者立场的基础上，以温和的形式让对方改正认识。

如果销售员并不存在士气低迷的倾向，就应该先表示"多谢提出如此重要的问题"，然后回答"根据我们的调查，并不存在士气低迷的倾向"。

但若提问者的前提属实，就要正面作出回答。针对"本公司的商品 B 为什么存在销售额减少的趋向"这一提问，就要陈述理由，例如"因为顾客需求有所改变""因为需求整体停滞""因为出现了新的竞争者"等等。

【对策】将贬义表达变为中性或褒义表达

首先要注意的是，在陈述理由时，应该一并说明正在采取的对策，例如"正在依据顾客需求的变化加以改良""正在发掘其他层面的需求""正在向顾客强调本公司与其他公司的不同点"等等。虽说提问是为了知道理由，但提问者当然也想了解对策。

此外，"关于负面因素的提问"会伴随着贬义表达，如"费用激增""需求低迷""资金周转恶化"等表达方式，本身都含贬义。

因此，在回答这些提问时，应该通过重述问题，借机改换表达方式，至少可以换成中性的表达。

通过提高抽象度，可以把"激增""低迷""恶化"等表达改为"趋势""转移""变化"。这样一来，就可以在重述问题的阶段把含有贬义的提问改成中性，例如"您是在问最近费用的趋势对吧""您是在问需求的转移对吧""我来说明一下现金头寸①状况的近期变化"。

这是政治家和官僚惯用的方法。比方说，公共事务费涨价时，所用的词永远都是"修改"；用国民上缴的税金填补自己失误造成的漏洞时，会美其名曰"公共资金"。顺带一提，某小学将监护人参加校园和校舍周边的扫除称为"环境升级"。

注意语言的感情色彩

语言的感情色彩可大体分为贬义、中性、褒义三种。例如，"问题"一词的感情色彩就趋向于贬义。没人希望自己有问题。

————————

① 金融业用语。收到的现金额大于支出的现金额，称为"多头寸"，反之则称为"缺头寸"。——编者

　　"问题"的中性词是"课题"。如果换成褒义词，可以使用"挑战"。这样一来，就可以把"挑战"理解成有望跨越的困难。如果使用对应的英文"challenge"，更能体现出积极正面的感情色彩。

　　再举一个例子，比如"处理"这个词，常见的词组有"处理问题"等，往往含有贬义。如果变成中性词，可以改用"应对"，换成褒义词则可以使用"解决"。

　　不仅限于回答提问，在其他场合对语言的感情色彩保持敏感同样重要，因为这有助于认识到自己对待事物的状态。对事物的思考可以说是一个"知性的过程"，目的是为了知晓观察到的种种现象对于自己有何意义。

　　在这个过程中，"解释"是一个必然介入的要素，即自己对某现象是怎样理解的。其实多数情况下，解释的过程是在无意识的状态下进行的。要想把这种无意识的解释行为加以意识化从而客观地看待，可以对现象进行分析，看看哪个现象可以贴上什么样的标签。

　　比方说，经常使用"问题""处理""费用"等贬义表达，往往是因为被消极的解释误导了。这些贬义表达会导致放弃，结果便难以找到解决对策，更别提付诸行动了。如此一来，"问题"得不到解决，就会反过来证实当初的消极解释。换句话说，就成了自我实现式的预言。

③回答不了的提问

"回答不了的提问"并不是指不知如何回答的提问，而是指难以直接回答的提问。例如，对于"贵公司的产品为什么比其他公司的产品价格贵很多"这一负面提问，类似"因为本公司使用的是高级材料""因为销售员和销售网点很多"这样机械地说明理由，其实并不充分。

【对策】消除负面因素，转移提问焦点，然后间接回答

的确，上述两例回答是对于提问的直接回答，但相比这种机械的理由，对高价格的前因后果及其意义所在进行说明将更有说服力，更能让提问者满意。

在本例中，可以先重述问题——"贵方是在询问本公司产品的价格对吧？"，以此来消除负面因素，然后回答"本公司的产品价格反映了其高品质和可靠性，相对于产品能够提供的价值，可以说是相当实惠的。X公司就购买了本公司的产品，而且很满意"。

在本例中，针对"回答不了的提问"，其应对方式是隐藏了实质的。也就是说，把回答的焦点从提问者的"价格"切换到了能使其即使多花钱也愿意的"价值"上，从而间接地作出

了回答。

再举一例，提问是"向业务D输送了大量优秀人才，为什么收益很少"。

首先通过重述问题，把贬义表达替换成中性表达，即"您是在询问关于业务D的收益结构对吧"，然后回答"账面上的收益的确很重要，但收益的多少应该基于业务的风险回报率来判断。业务D的风险相对较低，所以就结果而言，风险回报的收益其实已经很高了。况且不需要进行高额的设备投资，所以从现金流的角度可以说，该业务对于公司整体的贡献是很大的"。

在本例中，同样把回答的焦点从提问者强调的账面盈利转移到了"风险回报率"这一更全面的尺度，从而间接地作出了回答。

总　　结

谈判就是一系列的提问和回答

因此，谈判代表需要掌握灵活利用提问的技巧

四种提问

①"Yes"or"No"型提问

—— 为了确认具体事件的事实情况的提问。回答不是"Yes"就是"No"

②限定性事实确认型提问

—— 为了确认具体事件的事实情况的提问。回答一般是数值等具体内容

③限定性说明型提问

—— 为了获知针对具体事件的理由或见解的提问

④广角型提问

—— 并不限定于事件的特定方面，而是广泛征求对方意见的提问

谈判中的提问

"基础信息收集型提问"

—— 寻求谈判对手的相关客观事实和数据的提问

采取"'Yes'or'No'型提问"或"限定性事实确认型提问"的形式

"问题发现型提问"

　　——为了发掘谈判对手的不满或问题的提问

　　采取"限定性说明型提问"或"广角型提问"的形式

在谈判中通过"详情发现型提问"展开攻势

　　——为了发掘谈判对手尚未明确意识到的潜在问题或可能得到的好处的提问

难题的种类及其对策

　　① 隐晦的提问——不知道究竟想问什么的提问

　　【对策】让对方确认提问的内容

　　② 关于负面因素的提问——聚焦于否定部分的提问

　　【对策】将贬义表达变成中性或褒义表达

　　③ 回答不了的提问——难以直接回答的提问

　　【对策】消除负面因素，转换提问焦点，然后间接回答

第 10 章

通过后勤拉开差距

- 由哪一方制定议程？如何制定？
- 谈判团队的编制
- 谈判地点有三种选择

从第1章到第9章，我们分析了进行有效谈判所需要的几种具体要素。但要注意，从谈判的整体来考虑，谈判技巧还存在若干追加要素。在最后一章，我们来看看谈判不可或缺的"后勤"。

10.1　由哪一方制定议程？如何制定？

谈判"议程"（协议事项）是由己方制定好，还是让对方制定好？如果是不重形式的、打开天窗说亮话的谈判，不制定议程也是可以的，但一般的谈判都会制定议程，标明谈判有哪些项目，以及按照怎样的顺序协商。

己方制定议程的好处是，需要谈判的重要项目可以由己方定义，有助于掌握谈判的主动权。不过，这样做有可能暴露己方的关注点。

如果对方从一开始就把谈判视为提高双方满意度的过程，那就没什么问题，可惜这是得不到任何保证的。如果对方不这样想，再由己方制定议程的话，对方就会产生戒心，处处设防。

而且，由己方制定议程，会失去一个获知对方关注点的机会。因此有人认为，最好让对方制定议程，己方随机应变即可。

尽管存在各种风险，但一般来说，还是应该由己方制定议程，主导谈判走向。因为在制定议程的过程中，必须方方面面都要想到，这个思考的过程就相当于为谈判作足准备的过程。

在制定议程的过程中，难以确定的是协议项目的顺序。是从重要的项目开始好，还是从影响程度较小的项目开始好？从另一个角度来看，是从容易达成一致的项目开始好，还是从预计很难谈得拢的项目开始好？

很多人都想断言"这样的顺序最好"，可是在我看来，答案并不唯一。很多时候，貌似影响不大的项目其实却是对方格外重视的。此外，从容易达成一致的项目开始，有可能引发对方做出意外的激烈反应，导致谈判的走向远远偏离预想。

总而言之，比起议程的内容，在议程制定过程中的思考本身更为重要。谈判若能向着事先预想的方向顺利发展，自然再好不过，但经常会偏离预想。即使如此，也不要动摇，要坚持顽强的谈判姿态，这一点至关重要。

10.2 谈判团队的编制

谈判团队的编制是影响谈判动态的一个重要因素。谈判团队有多种模式。是一个人参加谈判，两个人参加谈判，还是组成五人左右的团队？

下面将一人谈判与五人左右的小型团队谈判作个对比，分析一下谈判团队的编制问题。

首先，由多个成员组成团队的优点在于，通过聚集拥有专业知识的成员，能够增强谈判力。可以把谈判力视为"知识 × 谈判技巧"。因此，专业知识会成为优势。

以某产品的"知识量"为例，无论一个谈判代表多么优秀，在知识量上也比不过由该产品的设计专家、生产技术专家、法律专家组成的团队。

由优秀的谈判代表和志同道合的专家队伍组成的谈判团，通过彼此交换意见和建议，能在谈判中发挥出巨大的能量。

而且，多人参加谈判与一人相比，向组织上说明谈判过程和结果时会更有说服力。各部门代表同时加入谈判团队时更是如此，谈判的决定事项不仅更容易被组织上接受，而且执行时也能更顺畅地付诸实际操作。

然而，在具备这些优点的同时，多人参加谈判也有不少难点。最令人担心的就是成员间的思想沟通。

谈判最终目标的设定、谈判项目的优先顺序、让步的可能性……要求成员必须达成一致认识的关联事项有很多。各成员若能达成一致认识，自然没有问题，但若不能达成一致，就有可能把成员间的意见分歧暴露给对方。这样一来，不仅无法发挥出多成员的优势，反而有可能致使团队成为一盘散沙。

当然，在这种情况下可以采取相应的战术，只让特定的代表在谈判场上发言。但这样一来，其他成员就会变成无用的陪衬，何况对方还可以点名要求代表以外的其他成员发表意见。

可以说，只要能够发挥团队整体的力量，由多个成员组成谈判团队的编制就是有益的。

10.3　谈判地点有三种选择

谈判地点的选择是谈判准备阶段的一个重要因素。谈判地点大体上有三种选择，分别是：①己方主场，②对方主场，③中立场所。这三种选择各有优缺点，应该在有所了解的基础上作出决定。

己方主场

把对方邀至己方的事务所等主场进行谈判，可谓好处多多。因为是自己习惯的场地，所以要比去完全陌生的场所更放松。

完全陌生的会议室，会给自己造成超乎意料的精神压力。而在己方的主场进行谈判，可以从战术上对环境做好掌控，例如会议室的选定、谈判时的桌椅摆放、房间的明暗和温度等等。

而且上司就在旁边，有问题方便商量，也便于听取公司专家的建议。

不过，在己方主场招待对方，需要做好各方面的准备，这就得付出劳力。况且除谈判本身之外，还有许多琐碎的工作需要操心，例如会议室的布置、用餐、住宿、人员接送等等。

因此，优点有时会变成缺点。比方说，既然旁边有可以商量的上司，对方就可能要求己方当场作出决断或让步。若是在对方主场遇到这种情况，完全可以说"这件事得跟公司领导商量才能决定……"。

对方主场

在对方的主场也有优点。

一是方便说"这件事得跟公司领导商量才能决定……"，也就是说，可以把权力有限作为对己方有利的借口。一般来说，在对方主场进行谈判，便于使用拖延战术。

此外，离开自家公司，摆脱日常业务，还能专心谈判。在自家公司的会议室里谈判，经常有人进来询问日常业务上的问题，比如"那件事怎么样了""重要客户突然打来电话了"

等等。

不过，在对方的主场进行谈判，相当于自己置身于精神压力更大的陌生环境。

如果谈判地点遥远，交通方面也要付出很大的劳力。另外人生地不熟，哪怕去趟厕所，也得一一问路，费力寻找才行。各种细小的不便在不经意间慢慢累积，就会形成巨大的压力。

中立场所

谈判地点也可以选在宾馆等中立场所。这样一来，前面所说的偏向某一方的优缺点就都不存在了。不过，双方需要事先对中立场所的选定、布置等事项进行确认，而这种确认本身也可以说是一种谈判。

2002年10月底举行的第十二次日朝邦交正常化谈判，就选择了马来西亚吉隆坡市内的某宾馆作为会场。之所以定在马来西亚，是因为对于朝鲜和日本而言，马来西亚在外交上都是非同盟国，立场最为中立。在外交或政治谈判时，谈判地点的中立性尤其重要。

总　结

由己方制定议程的优点和缺点

【优点】己方能够安排协议事项／相当于为谈判作准备

【缺点】会暴露己方的关注点／失去获知对方关注点的机会

最好由己方制定议程，从而主导谈判走向

多成员谈判团队的编制

【优点】专家的专业知识能增强谈判力／向组织上说明谈判

　　　　经过和结果时会更有说服力

【缺点】成员间的思想沟通很难

只要能够发挥团队整体的力量，由多成员组成谈判团队的
编制就是有益的

谈判地点的选择

①己方主场

【优点】能够放松／方便跟上司商量／便于听取专家的建议

【缺点】准备谈判需要付出劳力／要求当场作出决断或让步

② 对方主场

【优点】便于使用拖延战术/能够专心谈判

【缺点】由于环境陌生，会有很大的精神压力

③ 中立场所

【优点】不存在①②的优缺点

【缺点】双方需要事先确认场所的选定、布置等事项

视情况从上述三种中选择谈判场所

结 语

有的谈判对手就是蛮不讲理，对这种人讲道理是没用的。这样的谈判对手已经不能用"全靠直觉"来形容，应该称为"不听别人说话的人"。

这种人并不使用"无德谈判战术"之类的"威胁"，却偏偏任性胡来（往好听里说可以叫天真）。当然，最好的办法是避免跟这样的人谈判或有生意往来，但很多时候又不可避免。那该怎样应对呢？

很遗憾，没有什么"魔法杖"之类的神奇道具可用，不过也没必要轻易放弃，还是有办法应对的。

首先要认识到，并不存在绝对不听别人说话的人。"要么听，要么不听"的"非黑即白"的评价或判断是脱离现实的。

此外，恐怕没有人是完全不按逻辑思考的，我就从没见过百分之百依靠直觉的人。因此，也不该用"非黑即白"的二分化思维去看待对方，用"存在……的强烈倾向"来形容对方，显然更符合现实。

做到了这一点，接下来的关键就是顽强地坚持谈判，设法说服对方。要带着热情和逻辑性，坚持谈判不放弃。如果对对方抱有绝对的要求——例如"谈判对手必须符合逻辑""谈判对手必须当场表示理解"等，容易引发自身强烈的愤怒或沮丧，所以要避免书中提到的"必须式思维"这种恶性思维。这一点很重要。

请时刻注意避免"必须式思维"，并保持"很希望如此，但也可能失望"的良性思维。这样一来，即使对方没有当场回应己方的期待，你也不会丧失继续谈判的决心。

说到"不听别人说话"的谈判对手，我的脑海里会浮现出育儿的场景。小孩子就是任性的、不负责任的、以自我为中心的、蛮不讲理的、感情用事的，他们有着违抗父母意愿的卓越技巧。

若是自己的孩子，自然不能避之不顾。这时就要以不愤怒、不沮丧的"希望式思维"为座右铭，一面强化精神韧性，一面顽强地跟孩子谈判。这正是育儿的秘诀。

希望本书能为大家的工作和生活带来些许帮助。祝您奋斗有成。

高杉尚孝

2003年1月

出版后记

麦肯锡是商界人才的摇篮，麦肯锡的许多离职员工都成为全球500强公司的CEO。联想集团创始人柳传志也曾说："我非常注意启用麦肯锡这样的顾问公司……他们的那套思路和方法为我们开阔了眼界。"

如果你想提升自己的谈判力、说服力，可以向麦肯锡学习哪些方法呢？《麦肯锡教我的谈判武器》会是你的明智之选。

本书作者高杉尚孝是沃顿商学院MBA，曾在麦肯锡等全球知名企业任职多年，在逻辑思考、商务写作与谈判等领域经验丰富，著有《谈判的实践理论》《麦肯锡教我的写作武器》等多部专著。

《麦肯锡教我的谈判武器》围绕谈判力的提升，分享了来自麦肯锡的相关方法的同时，还分享了大量的实战技巧。可谓"一书在手，谈判不愁"。

服务热线：133-6631-2326　188-1142-1266

服务信箱：reader@hinabook.com

后浪出版公司

2015年10月

图书在版编目（CIP）数据

麦肯锡教我的谈判武器 / （日）高杉尚孝著；程亮
译. -- 郑州：大象出版社, 2019.12
ISBN 978-7-5711-0382-8

Ⅰ．①麦… Ⅱ．①高… ②程… Ⅲ．①谈判学 – 通俗
读物 Ⅳ．①C912.35–49

中国版本图书馆CIP数据核字(2019)第249681号

《RONRITEKI SHIKOU TO KOUSHOU NO SUKIRU》
© Hisataka Takasugi 2003
All rights reserved.
Original Japanese edition published by Kobunsha Co.,Ltd.
Publishing rights for Simplified Chinese character arranged with Kobunsha Co.,Ltd. through
KODANSHA LTD.,Tokyo and KODANSHA BEIJING CULTURE LTD. Beijing,China.

本书中文简体版由银杏树下（北京）图书有限责任公司出版。

著作权合同备案号：豫著许可备字–2019–A–0155

麦肯锡教我的谈判武器

MAIKENXI JIAO WO DE TANPAN WUQI

［日］高杉尚孝 著
程亮 译

出 版 人　王刘纯
责任编辑　冯丽颜
责任校对　牛志远
美术编辑　杜晓燕
特约编辑　李雪梅
封面设计　棱角视觉
筹划出版　银杏树下
出版统筹　吴兴元
营销推广　ONEBOOK
装帧制造　墨白空间
出版发行　大象出版社（郑州市郑东新区祥盛街27号　邮政编码450016）
　　　　　发行科　0731-63863551　总编室　65597936
印　　刷　北京天宇万达印刷有限公司
开　　本　889 毫米 × 1194 毫米　1/32　6.625 印张
字　　数　115 千字
版　　次　2019年12月第1版　2019年12月第1次印刷
定　　价　38.00 元